LIBYEN

Land zwischen Wasser und Wüste

DIE ABBILDUNG AUF DER UMSCHLAG- VORDERSEITE ZEIGT DAS GRAB EINES LOKALHEILIGEN IN AS-SAAWIYA.

DIE ABBILDUNG AUF DER UMSCHLAG- RÜCKSEITE ZEIGT EINE DÜNE BEI DEN MANDARA-SEEN IM FESAAN.

ZEHN EINDRÜCKE VON LIBYEN ZUR EINSTIMMUNG (S. 6–25)

UMM AL-MAA': EINER DER MANDARA-SEEN IN DEN DÜNEN DES IDHAAN UBAARI IM FESAAN.

AUF DEM KAMELMARKT IN SABHA WIRD EIN VERKAUFTES TIER FÜR DEN ABTRANSPORT BEREIT GEMACHT.

IN DER DORFSCHULE IN GHAT.

FAST WIE EINE MONDLANDSCHAFT: DER VULKANKRATER DES WAU AN-NAMUUS IN DER LIBYSCHEN WÜSTE.

EHRE, WEM EHRE GEBÜHRT: DIE TRIBÜNE DER HONORATIOREN WÄHREND DER FEIER ZUM 36. JAHRESTAG DER FATIH-REVOLUTION AUF DEM GRÜNEN PLATZ IN TRIPOLIS.

ERBE DER ANTIKE: DAS RÖMISCHE THEATER VON LEPTIS MAGNA ÖSTLICH VON TRIPOLIS AM MITTELMEER.

ABENDSTIMMUNG IN EINER EINKAUFSSTRASSE IN TRIPOLIS: IM RAMADAN BEGINNT ERST NACH SONNENUNTERGANG DAS ÖFFENTLICHE LEBEN.

REICHTUM IM SAND: AUF DEN ERDÖLFELDERN VON IDSCHCHARRA IM NORDEN DER LIBYSCHEN WÜSTE.

SCHLEIER GEGEN DIE SONNE UND FÜR DIE EHRE: TUAAREG IM AKAKUS-GEBIRGE IM SÜDWESTEN DES FESAANS.

IN DEN GASSEN DER ALTSTADT VON TRIPOLIS.

BIBLIOTHEK DES ORIENTS

FLORIAN HARMS | LUTZ JÄKEL

ليبيا

LIBYEN

Land zwischen Wasser und Wüste

CHRISTIAN BRANDSTÄTTER VERLAG

Inhalt

VORWORT
Vom Schein zum Sein 26

EINLEITUNG
Ein Land der Gegensätze 30
PROPAGANDA OBEN, MÜLL UNTEN 45
ORTE, REGIONEN UND BEGRIFFE IN LIBYEN 46

POLITIK
Von der Revolution zur Folklore 48
KRISENVERMITTLER, KÖCHINNEN UND KICKER – DIE FAMILIE GADDAFI 56
DIE APOLOGETINNEN – BESUCH IM ALLGEMEINEN VOLKSKONGRESS IN SIRT 65

TRIPOLITANIEN
Das Erbe der Antike 66
VOM KAMELTREIBER ZUM MILLIONÄR UND WIEDER ZURÜCK 88
HALLELUJA FÜR JEDE KONFESSION 94
EINE TYPISCH UNTYPISCHE LIBYSCHE FAMILIE – DIE HOWIDIS 96
ZU BESUCH BEIM LIBYSCHEN ROBINSON CRUSOE 102

FESAAN
Das Herz der Tradition 104
ZUKUNFT OHNE GLÜCK 124
KAMEL ODER TAU? 126
DAS BROT DER TUAAREG – BACKEN IN DER WÜSTE 131
SILBERBESTECK IN DER WÜSTE – UNTERWEGS MIT HEINRICH BARTH 132

KYRENAIKA
Der Hort der Rebellion 134
DER LIBYSCHE LÖWE – UMAR AL-MUCHTAR 144
WÄCHTER DER TOTEN 158

LIBYSCHE WÜSTE
Das Wunder der Ewigkeit 160
HUNGERLOHN FÜR DEN TRAUMBERUF 187
SCHARF UND KRÄFTIGEND – DIE LIBYSCHE KÜCHE 188

WIRTSCHAFT UND TOURISMUS
Investieren und Reisen in Libyen 190
EIN BOTE DES ISLAMS – UQBA BIN NAFI' 197
ALLES ANDERS – DIE LIBYSCHE ZEITRECHNUNG 203

HÜHNER AN BORD
Das Abenteuer Libyen 204
FRÖHLICHES STEMPELN IN ROSAROT – EINE LIBYSCHE BEHÖRDE VON INNEN 207
WAS MAN IN LIBYEN UNBEDINGT TUN SOLLTE – UND WAS MAN LIEBER BLEIBEN LÄSST 209

Register 210

Kontakte in Libyen 214

NIDO

التمهيد

VOM SCHEIN ZUM SEIN

Der Schein bestimmt allzu oft das Bewusstsein. Kaum ein Monat vergeht, in dem nicht irgendein Klischee, Vorurteil oder Stereotyp über Libyen durch den Medienwald gejagt wird. Das beginnt mit der viel zitierten Exzentrik von Staatschef Muammar al-Gaddafi, seiner Vorliebe für ausgefallene Sonnenbrillen, Kamelmilch, weibliche Leibwachen und das Leben im Beduinenzelt, und endet meist bei dem allfälligen Hinweis auf Libyens jahrelange Unterstützung des internationalen Terrorismus. Die gab es natürlich, aber sie fand nie großen Rückhalt in der Bevölkerung. Auf der anderen Seite beginnt die Reisebranche seit kurzem, Libyen als idealisierte Wüstenimpression zu vermarkten, in der Menschen allenfalls als fototaugliche Kamelhalter vorkommen. Kurzum: Die Diskrepanz zwischen dem Bild Libyens im Ausland und der vielgestaltigen Realität vor Ort könnte kaum größer sein.

Wer sich jedoch intensiver mit Libyen beschäftigen möchte, sei es aus touristischem, geschäftlichem oder einem anderen Interesse, der will mehr als grobe Schlagzeilen kennen lernen.

Dank seiner immensen Bodenschätze und der gegenwärtigen Politik der Öffnung gewinnt das Land geradezu atemberaubend schnell an Bedeutung. Nach dem Ende der internationalen Sanktionen drängen nicht nur europäische Unternehmen, sondern verstärkt auch Touristen ins Land. Reisende finden in Libyen Zeugnisse jahrtausendealter Kulturen, weltweit einzigartige Naturschätze, vielversprechende Geschäftschancen, vor allem aber eine Bevölkerung, deren Gastfreundschaft und Aufgeschlossenheit so gar nicht zum Bild vom Schurkenstaat passen.

Dieses Libyen möchten wir Ihnen zeigen. Als Journalisten und Islamwissenschaftler, der eine mit Stift und Notizblock, der andere mit der Kamera, haben wir das Land ausführlich bereist, dabei etliche Seiten mit Informationen gefüllt und zahllose Filme belichtet. Das Ergebnis unserer Recherchen ist dieses Buch, das Geschäftsleuten ebenso dienen mag wie Urlaubern. Natürlich können die folgenden Seiten keinen Reiseführer ersetzen, doch beinhalten sie viele Informationen und Eindrücke, die sich in keinem Reiseführer wiederfinden.

Bei der Schreibweise der arabischen Begriffe haben wir uns einem Kompromiss gebeugt: Eigennamen und vertraute Worte geben wir in der gängigen deutschen Schreibung wieder, also Tripolis statt *Taraabulus* und Gaddafi statt *Qadhdhaafi*. Alle anderen arabischen Begriffe schreiben wir – soweit sich das mit lateinischen Buchstaben bewerkstelligen lässt – so, wie man sie ausspricht. Doppelvokale stehen dabei immer für eine betonte Dehnung, „th" meint das englische „th" und „gh" ein kehliges „r". Dieses Vorgehen ermöglicht es auch der arabischen Sprache Unkundigen, die Orte und Regionen in Libyen korrekt auszusprechen. Da in Reiseführern und auf Karten oft stark voneinander abweichende Schreibweisen existieren, haben wir zudem eine Tabelle der wichtigsten Umschriften angelegt (s. *Orte, Regionen und Begriffe in Libyen,* Seite 46). Zitate wurden an die neue Rechtschreibung angeglichen.

Wir beginnen unsere Reise durch Libyen in Wort und Bild mit zwei Leitworten, die uns auf den folgenden Seiten begleiten mögen. Das erste stammt von dem deutschen Afrikaforscher Heinrich Barth, der das Land Mitte des 19. Jahrhunderts ausführlich bereiste und hinterher bekundete: „Wer unter Völkerschaften des verschiedensten Charakters und der verschiedensten Glaubensformen gelebt hat und bei allen in ihrer Weise treffliche Menschen gefunden hat, wird sich vor Einseitigkeit der Anschauung menschlicher Lebensverhältnisse bewahren."

Schließlich sei an einen Spruch des Orakels von Delphi aus dem 7. Jahrhundert v. Chr. erinnert: „Wer zu spät kommt nach Libyen, dem lieblichen Lande, wenn dort schon die Felder verteilt, den wird es dereinst noch gereuen." Diese Mahnung mag für Reisende mit touristischem Interesse ebenso gelten wie für europäische Unternehmen. Und natürlich für Menschen, die ganz einfach ein faszinierendes Land zwischen Wasser und Wüste entdecken wollen, das sich noch nicht in den Taumel des Massentourismus gestürzt hat und dessen Bewohner Herzlichkeit, Humor und Natürlichkeit seit eh und je zu ihren Lebensmaximen zählen. Ganz ohne Schein.

Florian Harms und Lutz Jäkel
Hamburg, im Mai 2006

ZEICHENERKLÄRUNG

- Autobahn
- Fernverkehrsstraße
- Verbindungsstraße
- Sonstige Straße
- Piste
- 23 Entfernung in km
- Wasserprojekt
- Wasserprojekt im Bau
- Schifffahrtslinie
- Hafen
- Internationaler Flughafen
- Flugplatz
- Staatsgrenze
- Grenzübergang
- Moschee; Kirche
- Burg; Mausoleum
- Museum
- Archäologische Ausgrabungsstätte
- UNESCO Unesco-Weltkulturerbe
- Sehenswürdigkeit
- Oase
- Natursehenswürdigkeit
- Sumpf; Salzsumpf
- Sandwüste; Steinwüste
- Lavafeld

1 : 5 000 000

0 50 100 150 200 250 Kilometer

Libyen

Ein Land zwischen Wasser und Wüste

Die Geografie Libyens ist von Gegensätzen geprägt. Der 1600 Kilometer lange, aber nur wenige Kilometer schmale Küstenstreifen ist vor allem in zwei Regionen fruchtbar, da dort Gebirge die Wolken des Mittelmeeres aufhalten: in Tripolitanien im Nordwesten und in der Kyrenaika im Nordosten. Hier pulsieren seit der Antike die urbanen Zentren des Landes. In der dazwischen liegenden Region Sirt reichen die Sanddünen dagegen bis ans Meer. Darunter erstreckt sich die Sahara in ihren mannigfaltigen Erscheinungsformen. Der Fesaan im Südwesten des Landes wird von den beiden Sandmeeren Idhaan Ubaari und Idhaan Mursuq bestimmt. Ersterer ist vor allem wegen der faszinierenden Mandara-Seen mitten in den Dünen bekannt; der zweite ist allein so groß wie die Schweiz. Im äußersten Südwesten türmen sich die zerklüfteten Felsen des Akakus-Gebirges auf, in dem sich einige der schönsten und ältesten Felszeichnungen und -bilder der Welt finden. Richtung Norden bildet die rote Steinwüste Al-Hamaada al-Hamra den Übergang zwischen Fesaan und Tripolitanien. Das Zentrum und vor allem der Südosten Libyens sind von der riesigen Libyschen Wüste bedeckt, einem der trockensten Gebiete der Erde. Sanddünen, Schotter- und Steinfelder, vor allem aber Kieswüsten (Sariir) bestimmen das Bild einer schier grenzenlosen Landschaft. Den Übergang zum Fesaan bilden die schwarzen Vulkanfelder des Al-Hauruudsch al-Aswad. Weiter südlich liegt das grandiose Naturwunder Wau an-Namuus, der „Krater der Mücken". Die immensen Vorkommen an Erdöl und fossilem Wasser lagern vor allem in den Regionen um die Oasen Idschcharra, Dschalu und Audschila sowie Taserbu und Al-Kufra.

Die Schreibweise der Orte und Regionen orientiert sich an der Aussprache. Für andere Umschriften, die in manchen Reiseführern benutzt werden, bietet die Tabelle auf Seite 46 eine Hilfestellung.

Einleitung

EIN LAND DER GEGENSÄTZE

In Libyen treffen arabische und afrikanische Traditionen auf das Erbe antiker Hochkulturen. In der Bevölkerung spiegeln sich diese konträren Einflüsse wider: Die Gesellschaft ist von Brüchen und Unterschieden geprägt.

المقدمة

„Die Wüste ist wie die himmlischen Lieder; wenn du nicht an ihrer Melodie deinen Durst löschst, töten dich die Liebessehnsucht und der Wahnsinn." Ibrahim al-Koni, der wohl bedeutendste libysche Schriftsteller der Gegenwart, kleidet die Extreme und Magie der Landschaft seiner Heimat in poetische Worte („Die Magier", Basel 2002, Seite 88). Wer an Libyen denkt, hat meist zuerst die Wüste und die Faszination, die sie auf viele Menschen ausübt, vor Augen.

Tatsächlich ist in Libyen nichts so reichlich vorhanden wie freier Raum. Mit 1,76 Millionen Quadratkilometern Fläche ist das viertgrößte Land Afrikas rund fünfmal so groß wie Deutschland, 20 Mal so groß wie Österreich und 40 Mal so groß wie die Schweiz. Der überwiegende Teil dieses riesigen Gebietes zeigt sich unbevölkert. Die rund sechs Millionen Einwohner leben fast alle an der 1600 Kilometer langen Mittelmeerküste, da nur dort genug Wasser vorhanden ist, um Getreide, Gemüse und Obst anzupflanzen. Regelmäßiger Regen fällt nur in Tripolitanien im Nordwesten und in der Kyrenaika im Nordosten des Landes, wo die vom Meer heranziehenden Wolken von Bergzügen gestaut werden. Den Rest, über 90 Prozent der Fläche, bedeckt die nur von wenigen Oasen befruchtete Sahara in ihren mannigfaltigen Erscheinungsformen: Dünenmeere, Gebirge, Vulkane, Stein-, Schutt- und Kieswüsten. Wasser, Städte, grüne Felder hier – trockene, grenzenlose Weite dort. Libyen ist ein Land der geografischen und klimatischen Gegensätze.

Und ein Land mit einer uralten Geschichte. Die Anwesenheit früher Hominiden lässt sich bis zu drei Millionen Jahre zurückverfolgen. Die ältesten Artefakte, also von Menschen bearbeitete Gegenstände wie etwa Schneidwerkzeuge, sind zwei Millionen Jahre alt. Im Vergleich zu diesen gewaltigen Zeitspannen erscheint der heutige Name des Landes geradezu taufrisch. Er geht auf das pharaonische Ägypten zurück, wo unter Ramses II. im 13. Jahrhundert v. Chr. zum ersten Mal ein Volksstamm der „Libu" als westlicher Nachbar erwähnt wurde. Der griechische Historiker Herodot meinte dagegen 1000 Jahre später zu wissen, der Name beziehe sich auf eine einheimische Frau namens Libye. Doch gibt es die oder den Libyer überhaupt? Die Menschen der frühen Antike sprachen zwar von Libyen, meinten damit aber meist den gesamten erforschten Teil Afrikas, zu dem auch Ägypten, das heutige Tunesien und Teile Marokkos gehörten. Die Römer prägten später die Bezeichnung *Africa*, die die Araber als *Ifriiqiya* übernahmen. Wollte man sich präziser ausdrücken, verwendete man immer die Namen der einzelnen Regionen. Auf dem Gebiet des heutigen Staates Libyen waren und sind das im Wesentlichen Tripolitanien im Nordwesten, die Kyrenaika im Nordosten, der Fesaan im Südwesten und die große (Libysche) Wüste im Südosten. Nach dem Niedergang der römischen und byzantinischen Imperien und dem Aufstieg der islamischen Reiche ab dem 7. Jahrhundert n. Chr. lagen diese Gebiete meist auf der Schattenseite des Geschehens. Natürlich gab es auch hier Handelswege, Städte und Märkte, doch die Zentren der Kultur, der Gelehrsamkeit und des Wirtschaftslebens pulsierten anderswo; vor allem in der Levante, in Persien und Unterägypten. Daher sind noch heute viele kulturelle Traditionen der Einwohner Libyens stark vom nomadischen und berberischen Milieu geprägt. Das Feilschen um Waren, ohne das etwa in Damaskus, Kairo oder Marrakesch kein Geschäft abläuft, ist in Libyen ebenso unüblich wie das berühmt-berüchtigte *Baqschiisch*. Erst die ägyptischen Gastarbeiter haben das Einfordern von Trinkgeld hier und da eingeführt. „Ein echter Libyer ist beleidigt, wenn man ihm ein *Baqschiisch* geben will" sagt ein Straßenhändler in Tripolis.

Der heutige libysche Staat ist ebenso wie alle anderen afrikanischen und arabischen Länder ein künstliches Gebilde aus der jüngsten Vergangenheit. Auf der Berliner Kongo-Konferenz in den Jahren 1884/85 teilten die europäischen Kolonialmächte den afrikanischen Kontinent eigenmächtig unter sich auf und zogen die neuen Grenzen kurzerhand mit Bleistift und Lineal. Italien bekam zugesprochen, was zwischen den französischen Gebieten im Westen und den britischen im Osten übrig blieb: Libyen. Dadurch wurden historisch gewachsene Kulturräume auseinander gerissen und Siedlungsgebiete von Stämmen und Völkern zerteilt. Diese „Zerrissenheit" des Landes verstärkte die gesellschaftlichen Unterschiede in der Bevölkerung. Begreift man diese Gegensätze, mag man Libyen besser verstehen.

Große Differenzen herrschen schon zwischen den Bevölkerungsgruppen der drei wichtigsten Siedlungsregionen Tripolitanien, Kyrenaika und Fesaan (die Libysche Wüste ist weitgehend unbewohnt, s. *Libysche Wüste – Das Wunder der Ewigkeit*, Seite 160). Bereits in der Antike wurden sie unterschiedlich geprägt: in Tripolitanien war es der phönizisch-römische Einfluss, in der Kyrenaika der griechische, im Fesaan der nomadisch-afrikanische. Im Laufe der Jahrhunderte entwickelten die Menschen unterschiedliche Mentalitäten und Alltagskulturen, hinzu kamen politische Rivalitäten. Noch heute verbindet viele Einwohner Tripolitaniens mehr mit den Tunesiern als mit ihren Landsleuten im Fesaan. Die Tripolitaner gelten als geschickte Geschäftsleute, aber auch als verwestlicht, da sie die klassischen Traditionen der Stammeskultur nicht mehr in demselben Maße pflegen wie die Menschen in den südlichen Landesteilen. Den Einwohnern der Kyrenaika wird hingegen nachgesagt, sie seien zwar sehr freundlich, andererseits aber auch rebellisch, da sie sich seit eh und je gegen Fremdbestimmung zur Wehr setzen. Die Menschen im Fesaan wiederum betrachtet man als Bewahrer des tradierten nomadischen Wertekodexes, doch wird diese Lebenseinstellung hin und wieder als hinterwäldlerische Rückständigkeit belächelt.

SEITE 30: DAS IMPOSANTE BÜHNENHAUS DES THEATERS IN DER RÖMISCHEN RUINENSTADT SABRATA AM MITTELMEER WESTLICH VON TRIPOLIS.

RECHTS: STUDENTEN GENIESSEN EINE LERNPAUSE UNTER DEM PORTAL DES EHEMALIGEN KÖNIGSPALASTES IM ZENTRUM VON TRIPOLIS. DAS GEBÄUDE, DAS EINST ALS SYMBOL DER UNTERDRÜCKUNG GALT, WURDE NACH DER REVOLUTION VON 1969 IN EINE VOLKSBIBLIOTHEK UMGEWANDELT. ANGEGLIEDERT IST EIN ZENTRUM FÜR STUDIEN ZU GADDAFIS GRÜNEM BUCH. DORT BLEIBEN DIE BÜCHER ALLERDINGS MEISTENS UNTER SICH.

DIESEL

Dies offenbart einen weiteren Gegensatz in Libyen: den zwischen der städtischen Kultur an der Küste, der so genannten *Hadaara*, und dem Beduinentum, der *Badaawa*, im Landesinneren. Während zum Beispiel der 26-jährige Staatsangestellte Muhammad Dera, der in der Hauptstadt Tripolis lebt und auf Internet, Mobiltelefon und 30 Fernsehprogramme schwört, ein wenig pikiert über die Provinzler im Süden spricht, fühlt sich der 35-jährige Berber Ali Salim in der Wüste südlich von Ghadaames viel wohler. „Die Städter benehmen sich wie Hunde", sagt er abfällig. „Selbst wenn man mir ein Schloss böte, würde ich niemals in die Stadt umziehen." Und auch Staatschef Muammar al-Gaddafi, der in einem nomadischen Milieu aufgewachsen ist, kann dem Stadtleben nichts Positives abgewinnen: „Die Stadt ist das Grab der gesellschaftlichen Bindungen", schrieb er in einer seiner literarischen Kurzgeschichten. „Keine Freiheit gibt es in der Stadt, keine Ruhe, keine Freude." („Die Stadt", in: Das Dorf, das Dorf, die Erde, die Erde, und der Selbstmord des Astronauten. München 2004, Seite 21–22.)

Trotz aller Unterschiede in Mentalität und Regionalkultur gibt es aber ein Prinzip, das alle Libyer verbindet: Die gesamte Bevölkerung ist in Stämme unterteilt, die sich wiederum in Sippen und Familien untergliedern. Der Tribalismus geht soweit, dass die Loyalität des Einzelnen meist nicht dem Staat, der Politik oder dem Arbeitgeber, sondern fast immer zuvörderst dem eigenen Stamm gilt. Fast 50 Prozent der verheirateten Libyer sind Blutsverwandte – allerdings sind die Sippen meist riesig. Für Taten des Einzelnen haftet das Kollektiv. Hinterlässt beispielsweise ein Verstorbener Schulden und die Angehörigen sind mittellos, kommen die Nachbarn dafür auf. Auch politische Entscheidungen müssen stets mit Rücksicht auf die Stammesstrukturen gefällt werden. So kann es sich Gaddafi, der dem eher unbedeutenden Stamm der *Gadaadifa* angehört, nicht erlauben, die drei großen Stammeskonföderationen bei der Vergabe von Posten und Zuwendungen zu übergehen: die *Sa'iidi* in der Kyrenaika sowie die *Saff Aulaad Sulayman* und die *Saff al-Bahar* in Tripolitanien und im Fesaan. Als Gegenleistung für absolute Loyalität verschaffen die Stammeschefs ihren Gefolgsleuten Pfründe wie Arbeitsplätze, Ämter und Gehälter. Die Aufblähung des libyschen Beamtenapparates mit 750 000 Staatsangestellten bei nur sechs Millionen Einwohnern geht zum Teil auf diese Praxis der Klientelwirtschaft zurück.

Doch die Stämme sind nicht das einzige Unterscheidungsmerkmal der libyschen Bevölkerung, eine Struktur liegt noch darüber: die ethnische Abstammung. Libyen ist genau genommen ein Vielvölkerstaat, auch wenn sich die meisten dieser Völker vermischt haben oder ineinander aufgegangen sind. Die dominante und größte Bevölkerungsgruppe sind die Nachkommen der Araber. Nachdem die arabisch-muslimischen Heere Nordafrika im 7. Jahrhundert n. Chr. erobert hatten, vermischten sie sich nach und nach mit den einhei-

mischen Berbern sowie den punisch-römischen und griechischen Kolonisten. Sie verbreiteten ihren neuen Glauben in der Bevölkerung, und im Laufe der Zeit wurde der Islam der sunnitisch-malikitischen Rechtsschule – die sich durch ein rigoroses Festhalten an der Propheten-Tradition, der *Sunna*, auszeichnet – zu einem gesellschaftskonstituierenden Element. Heute steht diese Rechtsauslegung in einem gewissen Spannungsverhältnis zu Gaddafis Islam-Verständnis von einem unmittelbaren Kontakt zwischen Mensch und Gott (s. *Von der Revolution zur Folklore,* Seite 48). Ein weiterer entscheidender Einfluss kam rund 400 Jahre später: Ab dem Jahr 1050 n. Chr. leiteten die ägyptischen Fatimiden als Vergeltungsmaßnahme gegen die separatistische Berber-Dynastie der Ziriden die arabischen Stämme *Banu Hilaal* und *Banu Sulayman* nach Nordafrika. Die Eindringlinge verwüsteten zwar weite Landstriche, ließen sich dann aber nieder, ersetzten vielerorts den Ackerbau durch die Nomadenwirtschaft und mischten sich mit der lokalen Bevölkerung. Im Namen der westlibyschen Stammeskonföderation *Saff Aulaad Sulayman* ist diese Prägung noch heute erkennbar, die *Sa'iidi* in der Kyrenaika beziehen sich auf Sa'ada, die Ahnfrau der *Banu Sulayman*.

Als Ureinwohner Nordafrikas, als die wahren Herren Libyens, die bis zur arabischen Invasion das Gebiet von den Kanarischen Inseln bis Westägypten dominierten, sieht sich jedoch eine andere Volksgruppe: die Berber, deren Name genau genommen ein Schimpfwort ist. Die Verballhornung des griechischen *barbaroi*, das so viel wie „Stammler" bedeutet, sollte einst zum Ausdruck bringen, dass die Barbaren kein kultiviertes Griechisch sprachen. Sich selbst bezeichnen diese Menschen als *Imasiraan* (Einzahl *Amaasir*), was so viel wie „freie/edle Leute" bedeutet. Obgleich durch die Jahrhunderte hindurch mit der arabischstämmigen Bevölkerung vermischt, legen viele Berber noch heute großen Wert auf ihre eigenständige Kultur, schotten sich von fremden Einflüssen ab und heiraten, wenn möglich, untereinander (s. *Tripolitanien – Das Erbe der Antike,* Seite 66). Besonders stolz sind sie auf ihre eigene Sprache und ihre Schrift. Deren Verwendung war aufgrund von Gaddafis Einheitsideologie im öffentlichen Leben, an Schulen und Universitäten lange Zeit verboten; erst seit September 2005 ist sie wieder erlaubt. In den darauffolgenden Tagen ließen viele Berber die Namen ihrer Kinder neu registrieren. So wurde aus manchem Abdallah ein Massinissa oder Amisnau und aus mancher Fatima eine Tala oder Tinhiane.

Eine der bekanntesten Untergruppen der Berber sind die Tuaareg (Einzahl Targi). Nach Jahrhunderten aufreibender Lebensbedingungen, Fehden und Aufständen beträgt ihre Gesamtzahl nur noch etwas mehr als eine Million, die Mehrzahl lebt im Niger, in Mali und Algerien. Einige Zehntausend wohnen allerdings noch auf libyschem Boden, die meisten jedoch nicht mehr als Voll-, sondern allenfalls als Halbnomaden; sie ziehen also nur im Sommer mit ihren

LINKS: DER GRÜNE PLATZ IN TRIPOLIS IST VON ITALIENISCHER KOLONIALARCHITEKTUR GEPRÄGT.
UNTEN: WENIGE METER WEITER, IN DER ALTSTADT, WIRD DAS ÖFFENTLICHE LEBEN VON AFRIKANISCHER ALLTAGSKULTUR BESTIMMT.

كاتب عمومي
كاتب
و
محرر عقود

Herden umher, den Rest des Jahres betreiben sie einfachen Ackerbau. Ihre Sprache unterscheidet sich nur geringfügig von jener der Berber und wird, je nach Dialekt, *Tamaahaq* oder *Tamaaschaq* genannt. Ihre Schriftform, das *Tifinaar*, findet sich in vielen Felswänden im Fesaan und soll bereits von den Garamanten im zweiten vorchristlichen Jahrtausend benutzt worden sein (s. *Fesaan – Das Herz der Tradition*, Seite 104). Je nach Region verwenden die Menschen zwischen 21 und 27 geometrische Zeichen als Buchstaben – wie beim Arabischen fast ausschließlich Konsonanten. Da die Schriftrichtung nicht festgelegt ist, kann sich die Entzifferung einer Inschrift als recht knifflig herausstellen. Ebenso wie das Wort „Berber" ist auch der Begriff „Tuaareg" ursprünglich eine verunglimpfende Fremdbezeichnung, die möglicherweise von der arabischen Wortwurzel *tarak* („verlassen") abstammt und „die von Gott Verlassenen" bedeutet. Diese Bezeichnung scheint nicht von ungefähr, üben die Tuaareg doch aus Sicht mancher strenggläubiger Muslime ihren Glauben viel zu oberflächlich aus. Zwar gehören sie dem Islam an, doch haben sie sich eine abweichende Sozialstruktur bewahrt, in der die Frauen eine auffallend starke Stellung einnehmen: Sie haben die freie Gattenwahl, können von sich aus die Scheidung aussprechen und dominieren die Erbfolge. Auch praktizieren die Tuaareg keine Vielehe. Statt der Frauen verschleiern sich die Männer mit dem meist indigoblauen Gesichtsschleier *Tugulmust*, streng genommen zeigen sie nur Unwürdigen ihr Gesicht. Daher rührt auch die häufige Selbstbezeichnung als *Kel Tugulmust*, „die Leute mit dem Schleier".

Ihre Gesellschaftsstruktur ist streng hierarchisch: An der Spitze stehen die *Imascharaan*, Krieger, Kamelhalter und Sippenchefs. Aus dieser Gruppe der Adligen wird der *Amenokaal*, der höchste Entscheidungsträger innerhalb einer Stammeskonföderation, gewählt. Es folgt die Schicht der *Ineslemaan*, der Gelehrten, die den Koran und andere religiöse Schriften kennen; wie die Adligen zahlen sie keine Steuern. Darunter stehen die Vasallen, die Abgaben entrichten müssen, dafür aber den Schutz der Krieger bekommen: zunächst die *Imraad*, Viehhalter und Karawanenhelfer, dann die *Isegaraan*, Landpächter in den Oasen, und schließlich die *Iklaaru*, dunkelhäutige Sklaven, die alle körperlich anstrengenden Arbeiten verrichten müssen. Außerhalb der Hierarchie stehen die *Inadaan*, Schmiede, die zugleich verachtet und gefürchtet werden, weil man ihnen magische Fähigkeiten nachsagt. Vom Schmuck bis zur Waffe fertigen sie alles, was an Metallgegenständen benötigt wird. Im Südwesten des Fesaans, vor allem in der Oasenstadt Ghat, verkaufen fahrende Händler das zum Teil meisterhafte Kunsthandwerk der Tuaareg-Schmiede.

Eine andere schillernde Volksgruppe in der Sahara sind die Tubbu, die „Felsenmenschen", die ethnisch zu den Äthiopien-Negriden zu rechnen sind und durch ihren schlanken Körperbau und ihre dunkel schimmernde Hautfarbe auffallen. Sie stammen aus dem Tibesti-Gebirge im Nord-Tschad, breiteten sich aber bis in die Oasen des Fesaans und der Libyschen Wüste aus. Mursuq, Dschalu und Idschcharra waren wichtige Siedlungsplätze der Tubbu, in Taserbu lag lange Zeit ihre Stammesburg *Dirandschedi*. Ruhm erlangten sie zum einen durch ihre Ausdauer und ihren ausgezeichneten Orientierungssinn als Karawanenführer, zum anderen als unerschrockene Krieger und Banditen. Ihr Jähzorn, ihre Rachsucht und Fremdenfeindlichkeit sind legendär. Herodot verglich ihre Sprache mit den schrillen Schreien von Fledermäusen. Mit den Tuaareg verband die Tubbu eine jahrhundertelange Feindschaft, fühlen sie sich doch ebenso als die wahren Herren der Sahara wie ihre Rivalen. Erst als die Lebensbedingungen für beide Völker immer prekärer wurden, näherten sie sich einander an. Zu Beginn der Tuaareg-Rebellion im Niger Mitte der sechziger Jahre gingen die beiden Völker ein Bündnis ein. Für Gesprächsstoff und Kritik, vor allem seitens strenggläubiger Muslime, sorgt das egalitäre Gesellschaftssystem der Tubbu, in dem Frauen eine noch dominantere Rolle einnehmen als bei den Tuaareg. Sie gelten als bildschön und selbstbewusst, kleiden sich in kunterbunte Gewänder und tragen – so wird ihnen nachgesagt – zur Verteidigung stets einen Dolch um die Wade geschnürt. Es heißt, sie zögerten keine Sekunde, ihre Ehre zu verteidigen. Nach Jahren der Verfolgung durch Araber, Osmanen und Italiener, nach zahlreichen Dürren und Hungerkatastrophen, nach Bürgerkriegen und Rebellionen wurden die Tubbu wieder ins Tibesti-Gebirge zurückgedrängt. Einige Tausend von ihnen leben allerdings noch in Libyen, etwa rund um Taserbu, Mursuq und Al-Kufra.

UNTEN: HIRTEN IN DER REGION SIRT. WEIL ES HIER KEINE BERGZÜGE GIBT, REICHT DIE WÜSTE BIS ANS MEER, FUTTER FÜR DIE TIERE IST RAR.

LINKS: EIN ÖFFENTLICHER SCHREIBER VOR SEINER STUBE IN DEN GASSEN DER ALTSTADT VON TRIPOLIS. WIE IN VIELEN ARABISCHEN LÄNDERN IST ES IN LIBYEN UM DAS BILDUNGSSYSTEM NICHT ZUM BESTEN BESTELLT. WER NICHT SCHREIBEN GELERNT HAT, KANN SEINE PAPIERARBEITEN — OFFIZIELLE DOKUMENTE, BRIEFE ODER VERTRÄGE — ZU MODERATEN PREISEN VOM ÖFFENTLICHEN SCHREIBER ANFERTIGEN LASSEN.

GUESS
BANANAS

Die derzeit wohl umstrittenste Bevölkerungsgruppe in Libyen sind die Schwarzafrikaner. Seit dem Jahr 2000, als Gaddafi aus ideologischen Gründen die südlichen Staatsgrenzen öffnen ließ, sind Hunderttausende von Gastarbeitern und Flüchtlingen aus Mittel- und Westafrika ins Land geströmt. In der ohnehin von der chaotischen Wirtschaftspolitik ihrer Führung gebeutelten einheimischen Bevölkerung waren sie keinesfalls willkommen, aus dieser Spannung erlärt sich ein weiterer Gegensatz innerhalb der libyschen Gesellschaft: der zwischen Einheimischen und Gastarbeitern. In seiner Rede vor dem Allgemeinen Volkskongress in Sirt im September 2005 bezifferte Gaddafi die schwarzafrikanischen Gastarbeiter in Libyen auf drei bis vier Millionen – angesichts einer Gesamtbevölkerung von rund sechs Millionen Einheimischen eine gewaltige Zahl, die zumindest teilweise die Frage beantwortet, warum sich in der libyschen Bevölkerung ein frappanter Rassismus gegen Schwarzafrikaner entwickelt hat, der im September 2000 sogar in gewalttätige Ausschreitungen und regelrechte Hetzjagden ausartete. Kriminalität, Drogenkonsum, Prostitution – für fast jedes Übel werden die Schwarzafrikaner verantwortlich gemacht; sogar gebildete Menschen differenzieren dabei kaum. Interessanterweise setzt sich der Rassismus unter den Immigranten abgestuft fort. So sind die Einwanderer aus Nigeria, Ghana und Äquatorial-Guinea bei jenen aus Mali und dem Niger als Kriminelle verschrien. „Wenn hier ein Nigerianer oder Ghanaer vorbeikommt, grüße ich den nicht einmal", sagt Ramadan Umar aus dem Niger, der seit 15 Jahren in der libyschen Oasenstadt Ghat als Gärtner arbeitet und mittlerweile zum Verwalter eines größeren Grundstücks aufgestiegen ist. „Arbeit würde ich ihm erst recht nicht geben. 90 Prozent von denen sind doch Verbrecher." Auch Abu Bakr Tahir Munfak, der 42 Jahre lang Polizeichef der Einwanderungsbehörde im gesamten Fesaan war, unterscheidet die Rechtschaffenheit der Einwanderer nach Herkunftsländern: „Die Einreisenden aus Mali, dem Niger und Burkina Faso machen kaum Probleme. Schwierigkeiten haben wir vor allem mit Leuten aus Nigeria und Ghana. Die haben fast nie korrekte Papiere und kommen deshalb heimlich über die Berge. Sie wollen Libyen nur als Durchgangsstation auf dem Weg nach Europa nutzen."

Die Verheißung Europa. Tausende von Schwarzafrikanern machen sich jedes Jahr auf den beschwerlichen und gefährlichen Weg gen Norden, um ihrem Traum von einem besseren Leben auf dem gelobten Kontinent näher zu kommen. Ob über Libyen, Marokko oder den Senegal – die Reiserouten wechseln, das Problem bleibt dasselbe. Laut Medienberichten ertrinken jedes Jahr mehrere hundert Migranten bei dem Versuch, das Mittelmeer in Nussschalen zu überqueren. Andere werden von Küstenwachen aufgegriffen oder landen nach monatelangen Aufenthalten ohne gültige Papiere in den Händen der Polizei. Italien schiebt über Libyen eingereiste Schwarzafrikaner ohne Aufenthaltsgenehmigung mittlerweile ohne individuelle Fallprüfung ab, in Kürze wollen alle Länder der Europäischen Union so verfahren und zum Ausgleich so genannte „Auffanglager" in Nordafrika finanzieren. Libyen, das die Genfer Flüchtlingskonvention nicht ratifiziert hat, weist die nach größten Entbehrungen gestrandeten Menschen oft ohne Rücksichtnahme und zum Teil unter unmenschlichen Bedingungen wiederum in die südlichen Nachbarstaaten aus. In den europäischen Hauptstädten scheint man sich für die elenden Schicksale der Ausgewiesenen nicht weiter zu interessieren (s. *Zukunft ohne Glück,* Seite 124).

Doch bei weitem nicht alle Migranten können oder wollen nach Europa übersetzen, viele suchen in Libyen nach einem Job und verrichten noch die härtesten Arbeiten zu Hungerlöhnen. So zum Beispiel Ibrahim Fatih aus Basse in Gambia, der in dem Wüstenörtchen As-Saawiya im Fesaan als Hilfsarbeiter in der öffentlichen Wasserversorgung schuftet. Er kam wegen der Wirtschaftskrise in seinem Heimatland nach Libyen, haust seit fünf Monaten fern seiner Familie unter ärmlichsten Bedingungen in der verfallenen Altstadt und verdient umgerechnet 50 Euro im Monat. Die Arbeit am städtischen Brunnen ist so hart, dass seine Arme, wenn er abends nach Hause kommt, derart zittern, dass er nicht einmal die Kaffeetasse halten kann. „Mir gefällt es hier nicht", sagt er. „Es gibt kein Kino, keine Cafés, keine Freunde. Ich versuche, so rasch wie möglich wieder nach Hause zurückzukehren. Mir reicht's." Im Gegensatz zu vielen anderen Gastarbeitern kann er sich das erlauben; er hat mittlerweile so viel gespart, dass er sich ein Flugticket leisten kann.

Reich sind auch die meisten Einheimischen in Libyen nicht. Ausnahmen sind allenfalls Günstlinge des Regimes, die –

LINKS: WER DIE WAHL HAT, HAT DIE QUAL. AN DEN ABENDEN DES FASTENMONATS RAMADAN PULSIERT DAS LEBEN IN DEN STRASSEN VON TRIPOLIS. OB ARABISCHES FLADEN- ODER ITALIENISCHES STANGENBROT: WER DEN GANZEN TAG NICHTS GEGESSEN HAT, MÖCHTE SICH DEN LECKERBISSEN GENAU AUSSUCHEN.

OBEN: DIREKTE LEITUNG IN DIE WEITE WELT. BINNEN WENIGER JAHRE SIND INTERNET-CAFÉS IN DEN LIBYSCHEN STÄDTEN WIE PILZE AUS DEM BODEN GESCHOSSEN. DAS NETZ WIRD KAUM ZENSIERT.

KRÄMERLADEN IN DER FESAAN-METROPOLE SABHA: IN LÄDCHEN WIE DIESEM FINDEN KÄUFER ALLES – VOM SHAMPOO ÜBER BOHNENKONSERVEN BIS ZUM ERSATZREIFEN.

nicht selten durch Vetternwirtschaft und Korruption – in kurzer Zeit zu Geld gekommen sind und so einen weiteren Gegensatz des Landes offenbaren: den zwischen hinreichend Habenden und Wohlhabenden. Allerdings ist es Gaddafis sozialistisch inspirierter Politik zu verdanken, dass sich Libyen zumindest im Hinblick auf die Einkommensstruktur heute eines der egalitärsten Länder Afrikas und der arabischen Welt nennen kann. Seit der Revolution im Jahr 1969 hat der Staat laut Wirtschaftsanalysten Erdöl im Wert von bis zu 200 Milliarden Euro exportiert. Gaddafi investierte große Summen in den Bau und Unterhalt von Krankenhäusern, Schulen, Wohnungen und Trinkwassersystemen. Dennoch fragen sich viele seiner Landsleute, wo der Rest des Geldsegens geblieben ist. In einer Gesellschaft mit einer Arbeitslosenquote von rund 30 Prozent ist das durchaus eine berechtigte Frage.

Die Arbeitslosigkeit ist ein libysches Dauerthema. Einerseits ist das Bildungssystem noch so schlecht, dass anspruchsvolle Jobs nur mit westlichen oder asiatischen Arbeitskräften besetzt werden können. Andererseits wollen viele Einheimische einfache Arbeiten, etwa bei der Olivenernte oder auf dem Bau, nicht selbst verrichten. Die Regierung hat daher die Einwanderung von Schwarzafrikanern lange Zeit als Belebung der unterentwickelten und von bürokratischen Vorschriften gehemmten Wirtschaft propagiert. Die hohe Arbeitslosenzahl ist allerdings noch auf einen weiteren Grund zurückzuführen: Der Anteil der Frauen am Erwerbsleben beträgt unter zehn Prozent – ein Ausdruck der völlig unterschiedlichen Lebenswelten von Männern und Frauen. Wie die meisten islamischen Länder ist auch Libyen von patriarchalischen Strukturen geprägt, die vielfach in vorislamischer Zeit wurzeln. Vor allem im Süden herrscht eine krasse Geschlechtertrennung: Männer dominieren die Öffentlichkeit, Frauen das Haus. Gewiss, Gaddafis Revolutionsideologie hat auch bei dieser gesellschaftlichen Tradition partielle Veränderungen bewirkt, die den Libyerinnen eine Sonderrolle gegenüber ihren arabischen Geschlechtsgenossinnen einräumt: Sie haben das aktive und passive Wahlrecht zu den Volkskongressen, können in einigen Einheiten der Streitkräfte und Milizen aktiven Dienst tun und verantwortungsvolle Posten im Behördenapparat bekleiden. Im Familienrecht genießen sie sogar eine relativ starke Stellung. Ihre Zustimmung ist für eine Eheschließung ebenso vonnöten wie für eine Scheidung, letztere muss zudem immer von einem Gericht bestätigt werden und sichert der Frau eine Vorzugsbehandlung: Sie behält Haus und Kinder. Im Vergleich zu einem verknöcherten Rechtssystem wie dem saudi-arabischen ist diese Regelung geradezu revolutionär und hält die Scheidungsquote in Libyen sehr niedrig.

Andererseits kann Gaddafi erklärtermaßen mit der Gleichheit der Geschlechter nicht viel anfangen, weshalb er verkündete, dass beide zwar dieselben Rechte, aber unterschiedliche Pflichten hätten. Frauen sollen demnach vor allem als Mutter und Hausfrau fungieren oder Berufe im Sozial- und Bildungsbereich ausüben. De facto gab der Revolutionsführer mit diesem Diktum eher die ohnehin vorherrschende gesellschaftliche Tendenz wieder, als neue Formen des Zusammenlebens zu prägen. Tätigkeiten als Lehrerinnen, Krankenschwestern und Ärztinnen sind mit dem Gesellschaftsverständnis der meisten Libyer gut vereinbar. Schließlich kommen diese an ihrem Arbeitsplatz entweder nur mit Kindern oder mit Kranken in engeren Kontakt, nicht aber mit gesunden Männern, was patriarchalische Moralapostel empören könnte. Eine Frau als Polizeichefin oder Ölministerin hingegen – das ist für die meisten Libyer undenkbar, auch für viele Frauen.

Viele tradierte Normen und Wertvorstellungen haben durch die Jahrhunderte hindurch eine nahezu ungebrochene Kraft bewahrt. Dies mag damit zusammenhängen, dass die gesamte Gesellschaft im Gegensatz zum westlichen Individualismus vom Prinzip des Kollektivs dominiert wird, dessen Ursprung in der Stammesstruktur liegt. Einerseits hat der Gemeinschaftsverbund die schier grenzenlose Gastfreundschaft, bedingungslose Hilfe im Notfall und intakte Familien hervorgebracht. Andererseits steht er für gesellschaftliche Zwänge, ständige Sozialkontrolle und fehlende Entfaltungsmöglichkeiten für Unangepasste. Diese Realität machen nicht nur westliche Sozial- und Islamwissenschaftler, sondern auch zahlreiche arabische Autoren für die wirtschaftliche und politische Rückständigkeit der meisten islamischen Länder mitverantwortlich. Oft wird dieses Manko fälschlicherweise allein der Religion angelastet. Dabei wird übersehen, dass zentrale gesellschaftliche Strukturen wie Patriarchat und Kollektivismus in vorislamischer Zeit wurzeln. Der Islam, wiewohl er anfangs Verbesserungen vor allem für Frauen und sozial Schwache hervorbrachte, übernahm diese Strukturen allerdings weitgehend. Die gesellschaftliche Realität erwies sich als stärker als das Ideal der Gleichheit aller Gläubigen.

Das betrifft auch einen weiteren Antagonismus in der libyschen Gesellschaft, der sich vereinfacht als Generationenkonflikt bezeichnen lässt. Aufgrund der kleinen Bevölkerung fühlt die Staatsführung sich den Nachbarstaaten wie Ägypten (70 Millionen Einwohner) und Algerien (über 30 Millionen) unterlegen und strebt ein rasches Wachstum an. Entsprechende politische Appelle sowie die ohnehin traditionell hohe Kinderzahl in den Familien haben dazu geführt, dass etwa die Hälfte der Bevölkerung heute unter 16 Jahre alt ist. Angesichts von Patriarchat und Senioritätsprinzip (das Familienoberhaupt beziehungsweise der ältere Bruder hat stets das letzte Wort) führt dies zwangsläufig zu Konflikten. Junge Männer werden erst dann als vollwertig akzeptiert, wenn sie geheiratet und eine eigene Familie gegründet haben. Doch dafür ist viel Geld nötig. Eine Hochzeit und das dreitägige Fest drum herum kosten umgerechnet mindestens 1800 Euro, im traditionell geprägten Süden, wo Eheschließungen meist mit großem Pomp begangen werden, bis zu 10 000 Euro. Da ist zunächst die hohe Mitgift – im Süden sollte der Brautschmuck einen Wert von 2500 Euro haben, um die junge Familie finanziell abzusichern. Dann muss die Einrichtung des gemeinsamen Hauses finanziert werden, wofür weitere 3000 Euro zu veranschlagen sind. Schließlich will die Hochzeitsgesellschaft, zu der neben der erweiterten Familie oft auch viele Nachbarn zählen, bewirtet werden. Allein das Kamelfleisch für die Verköstigung der oft mehreren hundert Gäste kann sich gut und gerne auf 3000 Euro summieren. „Heiraten in Südlibyen ist sehr schwierig", sagt Mustafa Al-Hisnawi, der in der Nähe von Sabha im Fesaan lebt. „Man plant die Hochzeit mindestens fünf Jahre lang im Voraus und spart sich währenddessen jeden Dinar vom Munde ab. Aber so sind eben die Sitten."

Und so sind eben die Gehälter. Libysche Ärzte verdienen im Monat durchschnittlich 500 Euro, Professoren rund 800 Euro. Ein einfacher Lehrer oder ein Fabrikarbeiter hingegen muss mit gerade einmal 100 bis 200 Euro auskommen, weshalb viele junge Leute sich eine Hochzeit und den damit verbundenen sozialen Aufstieg nur schwerlich oder gar nicht leisten können. „Selbst wenn es eine Frau gäbe, die von sich aus auf die Mitgift verzichten würde, könnte ich sie nicht heiraten", klagt der Lehrer Muhammad aus Umm al-Araanib bei Mursuq im Fesaan. „Die Gesellschaft würde es einfach nicht akzeptieren. Die Leute würden reden." Unzufriedenheit ist also vorprogrammiert. Weil Sexualkontakte aufgrund des strengen Sittenkodexes fast ausschließlich auf die Ehe beschränkt sind, ist auch der sexuelle Frustrationsgrad unter Jugendlichen hoch. Eine Ausnahme bilden die Tuaareg und Tubbu, die eine deutlich liberalere Sexualmoral pflegen. Manche Tuaareg-Jugendliche treffen sich gern zu nächtlichen Zusammenkünften mit Feuer, Musik, Tanz und Schäferstündchen. Tubbu-Frauen haben vor der Ehe häufi-

LINKS: DREIKÄSEHOCH ALS TOMATENVERKÄUFER AUF EINEM MARKT IN MURSUQ IM FESAAN.

MITTE UND RECHTS: FISCHER BEI DER HALBINSEL FARWA IN DER NÄHE DER LIBYSCH-TUNESISCHEN GRENZE GEHEN IHREM HANDWERK NACH. GROSSSPURIG ANGEKÜNDIGTE HOTELBAUTEN AUF DER HALBINSEL WURDEN BISLANG NICHT REALISIERT.

gen Geschlechtsverkehr mit wechselnden Partnern. Sie binden sich für jeden Mann, mit dem sie geschlafen haben, ein Lederbändchen um die Knöchel. Je mehr Bändchen eine Frau besitzt, desto höher ist ihr Ansehen und desto interessanter ist sie für potenzielle Ehemänner, da sie als erfahren gilt. Auf der anderen Seite steht die rigide Sexualmoral der arabisch dominierten Bevölkerung, die den Jungfrauenkult hervorgebracht hat: Erfährt der Bräutigam in der Hochzeitsnacht, dass die Braut keine Jungfrau mehr ist, kann er die Eheschließung rückgängig machen – und die Ehre der Frau dadurch für immer zerstören.

Neben all den gesellschaftlichen gibt es natürlich auch politische Gegensätze, deren auffallendste die Differenz zwischen der diktatorischen politischen Führung und ihren Günstlingen einerseits und dem Rest der Bevölkerung andererseits ist. Viele Libyer sind mittlerweile verunsichert und tief enttäuscht von Gaddafis ständigen Eskapaden und ideologischen Richtungswechseln. Doch die Libyer wären sich selbst nicht treu, könnten sie nicht auch darüber scherzen. In trauter Runde lacht man gern über die „Mäusekisten-Anekdote", die ein junger Mann so wiedergibt: „Wir Libyer fühlen uns wie Mäuse in einer Kiste. Nachdem wir ein bisschen rumgerannt sind, suchen wir uns etwas Gras und ein Stück Käse und richten uns häuslich ein. Doch dann kommt der große Chef und rüttelt so stark an der Kiste, dass wir alle durcheinander purzeln. Wir rennen aufgeregt hin und her, bis wir uns nach einiger Zeit wieder beruhigt haben und uns ein neues Eckchen einrichten. Gerade als wir uns wieder wohl fühlen, kommt wieder der Chef und schüttelt die Kiste aufs Neue. Und so geht es jahrein, jahraus." Das fehlende Vertrauen in die Staatsführung hat praktisch in der gesamten libyschen Bevölkerung zu einer massiven Apathie geführt, die nicht nur den politischen, sondern auch den wirtschaftlichen Bereich und ganz allgemein den öffentlichen Raum betrifft. Organisationsvermögen und Eigeninitiative erscheinen oft wie Fremdworte. Zudem ist die Meinungsfreiheit eingeschränkt; zwar kann die Regierung kritisiert werden, doch der eigentliche Machthaber, Revolutionsführer Gaddafi, ist sakrosankt. Nur wenige Menschen trauen sich, ihren Unmut offen zu äußern. Vor allem in der Kyrenaika hält sich die islamistische Opposition, die als Erbe der *Sanussi*-Monarchie durch Gaddafis ideologische Politik, das allgemeine Erstarken des Islamismus in der arabischen Welt seit Ende der siebziger Jahre sowie die wirtschaftliche und außenpolitische Krise Libyens ab Mitte der achtziger Jahre Aufwind bekam (s. *Kyrenaika – Der Hort der Rebellion*, Seite 134). Menschenrechtsorganisationen berichten regelmäßig über Verhaftungen von Dissidenten und Oppositionellen, die sich mittlerweile vor allem über das Internet mitteilen.

LESEN IST DAS HALBE LEBEN. EIN GLÄUBIGER IN EINER MOSCHEE IN DER ALTSTADT VON GHADAAMES STUDIERT DEN KORAN. DIE MUSLIME SOLLTEN DAS WISSEN SUCHEN, SELBST WENN ES IN CHINA LIEGE, SOLL DER PROPHET MUHAMMAD EINST GESAGT HABEN.

PROPAGANDA OBEN, MÜLL UNTEN

Wie es wohl wäre, wenn Angela Merkel, Wolfgang Schüssel oder Tony Blair nicht nur im Wahlkampf, sondern das ganze Jahr lang überlebensgroß von Hauswänden, Mauern und Werbetafeln blicken würden? Vermutlich wäre es seltsam. Die Libyer hingegen haben sich längst daran gewöhnen müssen, dass Muammar al-Gaddafi im ganzen Land abgebildet ist. In den Städten ist die Dichte der Propagandaplakate und Transparente, die den Revolutionsführer verherrlichen, besonders hoch. Kritiker nennen Gaddafi deshalb „die Eidechse“ – weil er überall auf den Mauern ist. Der Personenkult trägt mancherorts geradezu komische Züge. Im Nationalmuseum in Tripolis ist der VW-Käfer aufgebahrt, mit dem Gaddafi vor seinem Putsch über die Dörfer kutschierte, um Gleichgesinnte zu treffen (s. *Hühner an Bord – Das Abenteuer Libyen,* Seite 204). In Sabha im Fesaan wurde die Lehmhütte, in der Gaddafi als Gymnasiast wohnte, mit einem winzigen, aber bombastischen Park umgeben, in dem Bäume und Springbrunnen Seite an Seite stehen, Betreten aber verboten ist. Hauptsache der Autoverkehr braust rundherum.

Doch die Verehrung ist nicht immer fadenscheinig. Vor allem in der älteren Bevölkerung gilt der Revolutionsführer tatsächlich noch vielen Menschen als Held, der Libyen von jahrhundertelanger Fremdherrschaft befreit hat. Andererseits betrachten viele junge Libyer die Propagandaplakate als zu vernachlässigende Selbstverständlichkeit: Man findet sie zwar nicht toll, beachtet sie aber gar nicht. Für europäische Reisende sind diese Zeugen von Machtsucht und Eitelkeit wohl am ehesten mit einem versteckten Schmunzeln zu ertragen.

Viel ernster ist das, was sich häufig *unter* den Plakaten, Mauern und Häuserwänden sammelt: der Müll. Libyen ist ein Land mit einzigartig schönen Landschaften, doch in der Bevölkerung gibt es kaum ein Bewusstsein dafür, dass man die Natur auch schützen muss. Von Konservendosen über Plastikflaschen bis zu verendeten Tieren wird unbekümmert alles in die Landschaft geschmissen, was man nicht mehr zu brauchen glaubt. Es kommt sogar vor, dass antike Steine auf Abfallhaufen landen! Das Umland größerer Städte gleicht gigantischen Müllkippen. „Die Leute behandeln das Land wie etwas, das sie nicht interessiert. Es gehört ihnen ja nicht – also übernehmen sie auch keine Verantwortung dafür“, sagt ein Tripolitaner. Allerdings reicht die Verstaatlichungspolitik des Regimes nur als partielle Erklärung, denn auch in den Vorgärten vieler Häuser sieht es aus wie bei Hempels unterm Sofa. Man will nicht zu deutlich zeigen, wie schön man es hat, um nicht den Neid der Nachbarn heraufzubeschwören. Beides zusammen bewirkt, dass Libyen ein grassierendes Müllproblem hat. Mittlerweile gibt es erste zaghafte Versuche, diesem entgegenzutreten. Aber bis das Problem gelöst werden kann, scheint es noch ein weiter Weg zu sein.

Die ständige Unsicherheit, welche politische und wirtschaftliche Linie denn nun gerade gilt, und die zähe Bürokratie haben ferner dazu geführt, dass die meisten Menschen sich noch stärker auf ihre ohnehin allgegenwärtigen Stammesloyalitäten zurückziehen; nicht nur im privaten, auch im geschäftlichen Bereich läuft alles über Beziehungen (s. *Investieren und Reisen in Libyen,* Seite 190). „Das Geheimnis meines Erfolges ist, dass ich überall im Land Familienkontakte habe“, sagt einer der bekanntesten Unternehmer Libyens. „Ich kann rund um die Uhr jemanden anrufen und um Hilfe bitten, nie würde dies ausgeschlagen. Aber umgekehrt muss ich damit rechnen, dass nachts um zwei Uhr mein Telefon klingelt und jemand etwas von mir will. Oder dass plötzlich 15 Gäste vor meiner Haustür stehen, die ein paar Tage bei mir wohnen wollen. Dann muss ich eben selbst ins Hotel umziehen, denn es wäre absolut unmöglich, die Gäste abzuweisen. Privatsphäre ist gegenüber dem Stamm nicht möglich.“ Die Gastfreundschaft ist eines der wichtigsten sozialen Prinzipien des Landes und in Libyen noch stärker als in den meisten anderen arabischen Staaten in ihrer ursprünglichen, nahezu uneingeschränkten Form erhalten. Sie stärkt das Gesellschaftsleben, spannt ein engmaschiges soziales Netz durch alle Regionen und erleichtert auch Ausländern die Kontaktaufnahme zu Einheimischen, erfordert aber bestimmte Verhaltensmuster der Gäste (s. *Was man in Libyen unbedingt tun sollte – und was man lieber bleiben lässt,* Seite 209). Und sie ist eine Pflicht, der man sich nicht entziehen kann. Libyen ist ein Land der Gegensätze.

ORTE, REGIONEN UND BEGRIFFE IN LIBYEN

Straßenschilder in Libyen weisen Städte- und Ortsnamen meist nur auf Arabisch aus. Die Übertragung in lateinische Buchstaben ist nicht immer problemlos, in manchen Fällen existieren mehrere stark voneinander abweichende Versionen, die das Hantieren mit Karten, Nachschlagewerken und Reiseführern zur Geduldsprobe machen. Damit man Sie versteht, wenn Sie in Libyen nach einem bestimmten Ort fragen, haben wir beschlossen, die arabischen Begriffe überwiegend so wiederzugeben, wie man sie ausspricht – soweit sich das mit lateinischen Buchstaben bewerkstelligen lässt. Doppelvokale stehen dabei immer für eine betonte Dehnung, „gh" meint ein kehliges „r". In der unten aufgeführten Tabelle finden Sie die wichtigsten der in diesem Buch erwähnten Orte, Regionen und Begriffe auf Arabisch, daneben unsere Umschrift sowie weitere mögliche Schreibweisen.

UMSCHRIFT IN DIESEM BUCH	ANDERE MÖGLICHE UMSCHRIFTEN	ARABISCH
Adschdaabiya	Ajdabiya	اجدابيا
Al-Adschilaat	Al-Agilat, Al-Ajaylat	العجلات
Al-Asisiiya	Al-Aziziyah	العزيزية
Akakus (Dschabal Akakus)		جبل أكاكوس
Apollonia (Suusa)		سوسة
Audschila	Awjilah, Aujila	أوجلة
Al-Baida	Al-Bayda	البيضاء
Benghasi	Banghazi	بنغازي
Bir al-Hakiim	Bir Hakeim	بئر الحكيم
Bir as-Sachn		بئر الصخن
Al-Chums	Al-Khoms, Al-Khums	الخمس
Derna	Dernah, Darnah	درنة
Dschabal al-Hasauna	Jebel Hasawna	جبل الحساونة
Dschabal Nafuusa	Jebel Nafusa	جبل نفوسة
Dschadu	Djadu, Jadu	جادو
Dschalu	Jalu, Djalu	جالو
Dschamaahiriya	Djamahiriya, Jamahiria	جماهيرية
Dschansuur	Janzur, Djanzur	جنزور
Dscherma, Garama	Djerma, Germa, Jarmah	جرمة
Farwa		فروة
Fesaan	Fezzan	فزّان
Ghadaames	Ghadames, Ghadamis	غدامس
Gharyaan	Gharyan	غريان
Ghat	Rat	غات
Hamaada	Hamada, Hamadah	حمادة
Al-Hamaada al-Hamra	Al-Hamadah al-Hamrah	الحمادة الحمراء
Al-Hauruudsch al-Aswad	Al-Haruj al-Aswad	الهروج الأسود
Idhaan	Idhan, Edehen, Edeyen	إدهان
Idhaan Mursuq	Edehen Murzuk	إدهان مرزق
Idhaan Ubaari	Edehen Awbari	إدهان أوباري
Idschcharra	Al-Jakhira, Jakharrah	أجخرّة
Kahf al-Dschunuun	Kaf Ejoul	كهف الجنون
Al-Kufra	Kufra	الكفرة
Kyrenaika (Al-Dschabal al-Achdar)	Barqah, Cyrenaica	الجبل الأخضر
Kyrene (Schahhaat)	Cyrene	شحّات
Leptis Magna (Labda)		لبدة
Libysche Wüste (As-Sahraa al-Libiiya)		الصحراء الليبية

UMSCHRIFT IN DIESEM BUCH	ANDERE MÖGLICHE UMSCHRIFTEN	ARABISCH
Mandara-Seen (Buhairaat Mandara)		بحيرات مندرة
Al-Mardsch al-Dschadiid	Al-Marj al-Jadid	المرج الجديد
Marmarika (Al-Butnaan)	Marmarica	البطنان
Masaak Mastaafat	Messak Settafet	مساك مستافت
Masaak Mallaat	Messak Mellet	مساك ملاّت
Misraata	Misratah, Misurata	مصراتة
Mursuq	Murzuk	مرزق
Naluut	Nalut	نالوت
Ptolemais (Tulmaitha)		طلميثة
Qabruun-See	Gabrun-See	بحيرة قبر عون
Ramlat Rabyaana	Ramlat Rabyanah	رملة ربيانة
As-Saawiya	Al-Zawiyah	الزاوية
Sabha	Sebha	سبها
Sabrata	Sabratha	صبراتة
Sariir	Serir	سرير
Sirt	Siirt, Sirte, Surt	سرت
Sliiten	Zliten, Zlitan	زليطن
Suluuq	Soluq	سلوق
Suwaara	Zuwarah	زوارة
As-Suwaila	Zuwaylah	زويلة
Tarhuuna	Tarhuna, Tarhunah	ترهونة
Taserbu	Tazerbo	تازربو
Temissa	Tmassah, Timsah	تمسة
Tripolis (Taraabulus)	Tripoli	طرابلس
Tripolitanien (Taraabulus)	Tripolitania	طرابلس
Tubruq	Tobruk	طبرق
Tukra	Tocra, Teucheira	توكرة
Ubaari	Awbari	أوباري
Umm al-Araanib	Um al-Aranib	أم الأرانب
Umm-al-Maa'-See	Um-al-Ma-See	أمّ الماء
Al-Uwainaat	Al-Uweinat, Serdeles	العوينات
Waadi („Tal")	Wadi	وادي
Waadi Bardschuudsch	Wadi Barjuj	وادي برجوج
Waadi al-Hayaa	Wadi al-Hayat	وادي الحياة
Waadi Matchanduusch	Wadi Mathendush, Wadi Mathendous	وادي متخندوش
Wau al-Kabiir	Wau al-Kabir	واو الكبير
Wau an-Namuus	Wau al-Namus	واو الناموس

ENTFERNUNGEN SIND IN LIBYEN EINE ANGELEGENHEIT VON HUNDERTEN UND TAUSENDEN KILOMETERN.
OBEN: WILDE KAMELE IM AKAKUS-GEBIRGE IM SÜDWESTEN DES FESAANS.
UNTEN: KILOMETERANGABEN AUF EINEM STRASSENSCHILD IN DER KYRENAIKA. NACH TRIPOLIS SIND ES 1005 KILOMETER.

Von der Revolution zur Folklore

In den fast 40 Jahren seiner Alleinherrschaft hat sich Muammar al-Gaddafi vom Ideologen zum Pragmatiker gewandelt. Das Ausland sieht es mit Freuden, die libysche Bevölkerung bleibt gelassen.

السياسة

Mittwoch, 31. August 2005, 17 Uhr. Am Vorabend des 36. Jahrestages der Fatih-Revolution schwelt die größte libysche Stadt Tripolis im Ausnahmezustand. Aus dem ganzen Land sind Delegierte der Volkskonferenzen angereist, haben auf Parkplätzen, Busbahnhöfen oder am Strand in Zelten campiert und auf den großen Augenblick gewartet. Jetzt streben sie gemeinsam dem Höhepunkt entgegen. Auf der Uferpromenade, durch die Straßen des ehemaligen Kolonialviertels und die Gassen der Altstadt strömen sie zu Tausenden ins Zentrum des Landes, zum Grünen Platz. Schulbuben mit Gaddafi-Konterfei auf den Schirmmützen dreschen wie Schlachtenbummler auf ihre umgehängten Trommeln, betagte Männer aus dem Süden in weißen und hellblauen Gewändern schwingen im goldenen Abendlicht die grüne Nationalflagge. „Wir sind hier, o Revolutionsführer, wir sind gekommen aus As-Saawiya, aus Traghen, aus Sabha ...", skandieren Anheizer in ihre Megaphone, eine Schar junger Frauen fällt klatschend in den Chor ein. Aus den Fenstern hupender Busse johlen Schwarzafrikaner in bunten T-Shirts, dahinter schreiten würdige Tuaareg-Männer mit verschleierten Gesichtern. Fast an jedem Haus hängen Transparente und Stoffbahnen, die Wohlklingendes

VORHERIGE DOPPELSEITE: DAS LÄCHELN DER MACHT. 36. JAHRESTAG DER FATIH-REVOLUTION: REVOLUTIONSFÜHRER GADDAFI ENTBIETET IM KREISE SEINER GETREUEN UND LEIBWÄCHTER DEM VOLK SEINEN GRUSS.

genießen die letzten Strahlen der Abendsonne. Die Festtagseuphorie scheint nicht jeden gepackt zu haben.

Je näher die Menschenschlangen ihrem Ziel kommen, desto dichter wird das Gedränge. Die verschiedenen Delegationen sammeln sich am Rand des in Flutlicht getauchten Grünen Platzes, um nach und nach vor der Ehrentribüne vorbeizudefilieren. Ein Trupp von Soldaten macht in einem seltsamen Hüpfschritt den Anfang, zu dem die Männer einen Laut ausstoßen, der wie „Huh!" klingt und offenbar Kampfesstärke demonstrieren soll. Die Umstehenden lachen, sie kennen die Ineffektivität der libyschen Armee. Einer der umherwuselnden Kameramänner fängt ihre Gesichter ein – Sekunden später lächeln sie von den großen Videoleinwänden auf dem ganzen Platz. Schwarzafrikanische Frauen ziehen tanzend vorüber, gefolgt von Berbern, die eine Sänfte mit einem geschmückten Mädchen auf den Schultern balancieren. Studenten wedeln mit Gaddafi-Plakaten, dazwischen trottet ein Bub, auf dessen Schirmmütze der Aufdruck „USA" prangt. Der einstige Todfeind hat sich durchs Hintertürchen des Massenkonsums bis ins Zentrum der Revolutionsfeiern geschlichen.

Auf der Tribüne wechseln sich die Ehrengäste bei ihren standardisierten Grußworten ab. Während einer von ihnen die „Millionen der Volksmassen" beschwört, die auf nichts sehnlicher warten, als den Ideen des Revolutionsführers zu folgen, stieren die anderen mit gelangweilten Gesichtern in die Menge. Hier wird ein Ritual aufgeführt, das an eine Mischung aus Volksfest, Motivationsseminar und gigantischem Betriebsausflug erinnert. Aber auch das kann Spaß machen, zumindest den Jugendlichen. In Grüppchen werden sie von den Ordnern jeweils für einige Minuten vor die Tribüne gelotst, wo sie sich beim inbrünstigen Jubeln verausgaben dürfen. Erblicken sie einen Fotografen, verdreifachen sie ihren Enthusiasmus, bevor sie weitergedrängt werden, wenn nötig mithilfe einiger Schubser. Echte Erregung spricht nur aus den Gesichtern einer Gruppe junger Männer, die von den anderen mit Respekt gemieden wird: einer der revolutionären Kaderverbände. Die Aktivisten skandieren unermüdlich mit gereckten Fäusten, während ihnen der Schweiß über die Gesichter rinnt: „Die Revolution ist permanent!"

verkünden: „Die Fatih-Revolution ist eine Sonne, die niemals untergeht" und „Die Macht gehört dem Volk, niemandem sonst". Am Straßenrand steht der 65-jährige Uthman Ali aus Sirt und betrachtet das Treiben. „Von überall her kommen die Leute, um hier zu feiern, das ist doch toll", sagt er, „einige haben einen Weg von über 1000 Kilometern zurückgelegt, das ist doch was!" Auch die Teenager Ali und Usama aus einem Dorf nahe der tunesischen Grenze sind in festlicher Stimmung: „Heute ist ein wichtiger Tag für uns alle und für das ganze Land", beteuern sie. 30 Meter weiter dösen einige Gleichaltrige in Badehosen am Strand und

Plötzlich zucken Feuerwerksraketen in den Nachthimmel und tauchen ihn in grelles Grün. Ein Trupp wilder Reiter hat nur auf dieses Signal gewartet, um mit „yallah-yallah"-Rufen auf den Lippen vor die Tribüne zu galoppieren und Salven aus uralten Musketen abzufeuern. Spätestens jetzt hat wohl auch der Letzte auf dem Platz begriffen, was er begreifen soll: Dass nämlich die Erinnerung an die Revolution und das Vermächtnis des antikolonialen Befreiungskampfs zwei Seiten einer Münze sind. Einer Münze, die Jahr für Jahr mit gewaltigem Aufwand auf Hochglanz poliert

OBEN: ERMÜDENDES RITUAL EINERSEITS, ECHTE BEGEISTERUNG ANDERERSEITS: DEMONSTRATIONSZUG AUF DEM GRÜNEN PLATZ IN TRIPOLIS AM 36. JAHRESTAG DER FATIH-REVOLUTION.

wird. Die Jubelchöre und die Musik aus den Lautsprechern steigern sich jetzt zum Crescendo, keiner versteht mehr sein eigenes Wort, die Menge wogt mehr als dass die Leute noch auf ihren eigenen Beinen stehen – die perfekte Inszenierung des Höhepunktes, auf dem nun endlich, endlich ER seinen Auftritt zelebriert. ER: In ein einfaches hellbraunes Militärhemd gekleidet, tritt er in einem Pulk von Begleitern, die er fast alle um Haupteslänge überragt, an die Brüstung der Ehrentribüne. Wie eine Welle brandet die Menge ihm entgegen; wer sich nicht an seinen Nebenmann klammert, droht zu stürzen und erdrückt zu werden. Seine Leibwächter wollen sich vor ihn stellen oder ihm wenigstens eine schusssichere Weste vor die Brust halten – doch ER schiebt die Schergen mit majestätischer Geste zur Seite und entbietet dem Volk seinen Revolutionsgruß: geballte Fäuste an den angewinkelten, rhythmisch geschüttelten Armen. Muammar al-Gaddafi lächelt, und für einen kurzen Moment vermag er den Eindruck zu vermitteln, er sei dem Volk wirklich ganz nah. Doch der Schein trügt. Eilig bemühen sich seine Lakaien, das bereitgestellte Mikrofon mit einem Spray zu desinfizieren, aber dann spricht er doch nicht, sondern bekommt nur einen Orden an sein hellbraunes Hemd geheftet. Wieder einmal einen Orden. Wie viele er wohl schon hat? Es dürften einige sein, schließlich ist Gaddafi der am längsten amtierende Autokrat der arabischen Welt.

Es war eine arme Familie in einer unbedeutenden Region, in die Muammar Muhammad Abdassalam Abu Minyar al-Gaddafi im Jahr 1942 hineingeboren wurde. Der ehemals nomadische Stamm der *Gadaadifa* siedelte in der Wüstensteppe südlich der kleinen Küstenstadt Sirt. Weil seine älteren Brüder früh verstorben waren, bekam der Knabe den Namen Muammar, „dem ein langes Leben gegeben ist". Der Kampf gegen die Kolonialmacht hatte seine Familie bereits vor seiner Geburt geprägt. Sein Großvater war 1911 im Kampf gegen die Italiener gefallen, sein Vater verwundet worden. Schon während seiner Schulzeit in Sabha im Fesaan fiel Gaddafi durch politische Aktivitäten auf und wurde deshalb sogar des Gymnasiums verwiesen, konnte dann aber auf eine andere Schule in Misraata in Tripolitanien wechseln. Sein leuchtendes Vorbild war der ägyptische Präsident Nasser, der durch eine sozialistisch-panarabische Politik, vor allem aber durch sein unvergleichliches Charisma wie ein Komet zum Hoffnungsträger der arabischen Völker aufgestiegen war. Bis heute ist Nasser das wichtigste politische Vorbild Gaddafis und bis heute scheitert dieser immer wieder aufs Neue daran, in die Popularitätssphären der verehrten Lichtgestalt aufzurücken. Das alljährliche Revolutionsspektakel auf dem Grünen Platz ist Teil dieser fast schon verzweifelten Bemühungen, die mit dem Putsch am 1. September 1969 ihren Anfang nahmen.

Nach einem Studium der Rechtswissenschaft oder der Geschichte – die Biografen widersprechen sich in diesem Punkt – hatte Gaddafi ab 1963 in der monarchistisch-libyschen Armee Karriere gemacht und einen Zirkel revolutionärer Verschwörer um sich geschart, die sich nach Nassers Vorbild Freie Offiziere nannten. Der Putsch, den er im Alter von 27 Jahren gegen den zur Kur in der Türkei weilenden König wagte, traf in der Bevölkerung überwiegend auf Zustimmung, ja vielerorts auf Begeisterung. Idris as-Sanussi I. war nicht nur deshalb verhasst, weil er seine Untertanen verarmen ließ, während er selbst in Saus und Braus lebte und die Einnahmen aus den gerade entdeckten Ölvorkommen an seine Verwandten und Getreuen verteilte, sondern auch wegen seiner Politik: Um das finanzielle Überleben des jungen Staates zu sichern, hatte er den USA und Großbritannien gestattet, riesige Militärbasen im Lande zu errichten. Die daraus resultierende Abhängigkeit von Washington und London drängte ihn in der Suez-Krise 1956 und im Sechstagekrieg 1967 in das Lager der „Feinde der Araber". Ein arabischer Staatschef, der sich gegen den Volksheld Nasser wandte! Ein arabisches Oberhaupt, das für Israel Partei ergriff! In einem Land, dessen Bevölkerung in langen und blutigen Kämpfen gegen eine westliche Kolonialmacht hohe Opfer gebracht hatte, konnte dies kaum gelingen; und so war es nicht verwunderlich, dass Gaddafi nicht der einzige, wohl aber der schnellste und konsequenteste Offizier war, der einen Staatsstreich plante.

EIN GESICHT DES WIDERSTANDS: IM DSCHABAL NAFUUSA IM SÜDEN TRIPOLITANIENS GIBT ES NOCH VIELE BERBER WIE DIESEN, DER SEINE HEIMAT SCHON GEGEN ALLE EINDRINGLINGE VERTEIDIGT HAT – TÜRKEN, ITALIENER, DEUTSCHE, ENGLÄNDER, FRANZOSEN.

Die Unabhängigkeit unter dem König sei „verfälscht" gewesen, rief Gaddafi als Chef des neu geschaffenen Revolutionären Kommandorates den Menschen zu und setzte der monarchischen Trias von „Gott, König, Vaterland" in nasseristischer Tradition die Ideale „Freiheit, Sozialismus, Einheit" entgegen. Freilich waren damit weniger bürgerliche Freiheitsrechte als eher die Freiheit von Fremdbestimmung gemeint, auch schloss der viel beschworene „arabische Sozialismus" Klassenkampf und Atheismus aus und bezweckte vor allem die Überwindung der Rückständigkeit sowie eine gerechtere Verteilung der Staatseinnahmen. Das Streben nach Einheit sollte fortan sowohl in dem von massiven gesellschaftlichen Gegensätzen gefährdeten Heimatland gelten (s. *Einleitung,* Seite 30) als auch im panarabischen Sinn für alle „Brudervölker". Gaddafi richtete seine Politik zunächst strikt an diesen Zielen aus. Mithilfe der Ölgelder ließ er Nahrungsmittel subventionieren, Wohnungen bauen und die Mindestlöhne erhöhen. Er entmachtete die traditionellen Eliten, verbesserte Bildungs- und Gesundheitswesen, verstaatlichte Banken und Erdölbetriebe und warf die letzten italienischen Kolonisten sowie die amerikanischen und britischen Soldaten aus dem Land. Die Bevölkerung klatschte ihm Beifall, zumindest am Anfang. Endlich schien die lang ersehnte Unabhängigkeit verwirklicht. Davon, so fand der junge Staatschef, sollten auch andere Völker profitieren, weshalb er sich schon bald zum Protektor von Befreiungsbewegungen in der ganzen Welt aufschwang, wobei die Grenzen zum Terrorismus verschwammen. Sowohl palästinensische Kämpfer als auch die Irisch-Republikanische Armee und die deutsche Rote-Armee-Fraktion erhielten in den kommenden Jahren Unterstützung aus Tripolis. Mithilfe der Einheitspartei Arabische Sozialistische Union bemühte sich Gaddafi um einen Zusammenschluss mit Ägypten und Syrien. Doch schnell wurde offensichtlich, dass die nationalen Interessen der verschiedenen arabischen Staaten und die persönlichen Egoismen ihrer Führer größer waren als das panarabische Ideal. Heute ist dieses längst Geschichte.

Der Umschwung war geschafft, doch Gaddafi wollte mehr. Nichts Geringeres als ein ideales Regierungssystem schwebte ihm vor, ein System, in dem jeder Bürger zu jeder Zeit an jeder gesellschaftspolitischen Entscheidungsfindung mitwirkte: die „permanente Volksrevolution", eine Utopie, deren ritualisierte Verwirklichungsversuche den libyschen Staat bis heute prägen. Und seiner Bevölkerung bis heute zu schaffen machen. Mit dieser Idee schien Gaddafi sogar sein Vorbild Nasser, der durch die Niederlage im Sechstagekrieg vom gefeierten zum gebrochenen Helden geschrumpft war, zu überflügeln. In seiner berühmten Rede von Suwaara im Jahr 1973 kritisierte Gaddafi die Einheitspartei, verkündete eine Kehrtwendung und benannte die Eckpfeiler seiner in den folgenden Jahren von ihm höchstpersönlich ausgearbeiteten Ideologie. Der Koran sollte von nun an als unumstößliche „Grundlage der Gesellschaft" dienen, alle Gesetze

MANIFESTATION EINES SCHEINBAR IDEALEN REGIERUNGSSYSTEMS: DER GROSSE SAAL DES ALLGEMEINEN VOLKSKONGRESSES IN SIRT AM TAG NACH EINER REDE GADDAFIS. JEDER PLATZ IST MIT EINER MIKROFONANLAGE AUSGESTATTET, SODASS DIE DELEGIERTEN AUS DEM GANZEN LAND SICH ZU WORT MELDEN KÖNNEN. DIE TECHNIK IST DER GANZE STOLZ DER SAALDIENER.

„WIR SIND HIER, O REVOLUTIONSFÜHRER, WIR SIND GEKOMMEN AUS AS-SAAWIYA, AUS TRAGHEN, AUS SABHA ...": SCHWARZAFRIKANISCHE FRAUEN ZELEBRIEREN AUF DEM GRÜNEN PLATZ IN TRIPOLIS DEN JAHRESTAG DER REVOLUTION. DIE STIMMUNG IST EHER HEITER ALS AUFGEHEIZT UND FREI VON FANATISMUS.

mussten also mit der heiligen Schrift konform sein – und zwar so, wie Gaddafi diese verstand. Denn da der Koran auf Arabisch offenbart worden sei, ihn also jeder Araber und mithin auch er selbst verstehen könne, bedürfe es keiner Interpretationshilfen durch Imame und Religionsgelehrte mehr, argumentierte er und setzte sich damit nicht nur über die in Jahrhunderten entwickelten islamischen Rechtstheorien hinweg, sondern ignorierte auch beflissen das Problem zahlreicher Widersprüche und mehrdeutiger Passagen im Koran. Seiner Idee folgend, erteilte er der libyschen Geistlichkeit schon bald ein Redeverbot in allen politischen Angelegenheiten – ein geschickt bemäntelter Versuch, die Macht der einflussreichen Kleriker zu brechen, der ihm nur zum Teil glückte. Denn als Gaddafi wenig später auch noch den Nutzen der *Sunna*, der überlieferten Aussprüche und Taten des Propheten Muhammads und seiner Gefährten, als Orientierungshilfe für die Muslime rundheraus leugnete, lieferte er seinen schärfsten Kritikern den Zündstoff, den diese bis heute verschießen: Vor allem in der Kyrenaika, im Nordosten des Landes, etablierte sich die religiöse Opposition, die Gacdafis Herrschaft mal offen, mal verdeckt zu untergraben begann. Nicht die USA, sondern die Islamisten wurden seine gefährlichsten Gegner. Sie sind es bis heute geblieben, und wenn seine Leibwächter dem Staatschef sogar am Tag der Revolutionsfeier eine schusssichere Weste vor den Körper halten, hat das gute Gründe. Angeblich soll Gaddafi bereits an die 40 Attentats- und Umsturzversuche überlebt haben.

Rückenwind erhielt die religiöse Opposition aus Saudi-Arabien, dessen konservative Rechtsgelehrte den libyschen Staatschef wegen seiner „Ketzereien" zum Ungläubigen er-

KRISENVERMITTLER, KÖCHINNEN UND KICKER – DIE FAMILIE GADDAFI

Was passiert, wenn Libyens Staatschef Muammar al-Gaddafi dereinst stirbt? Zwar traut sich kaum ein Libyer, diese Frage offen zu stellen, doch hinter vorgehaltener Hand wird sie durchaus diskutiert. Dass der Revolutionsführer entgegen seiner eigenen Ideologie eine Machtübergabe an einen seiner Nachkommen plant, gilt als ausgemacht. Dementsprechend aufmerksam werden die Kinder Gaddafis beobachtet. Sein erster Sohn Muhammad, Vorsitzender des Nationalen Olympischen Komitees und Einführer des Internets in Libyen, gilt als zurückhaltend, wodurch ihm kaum Chancen eingeräumt werden. Als viel einflussreicher gelten die sechs Söhne und die Tochter von Gaddafis zweiter Frau, einer ehemaligen Krankenschwester, die er während eines Klinikaufenthaltes kennen lernte. Al-Mu'tasam, Arzt und Chef einer eigenen Miliz, gilt als Lieblingssohn seiner Mutter und hat seine Ambitionen offen geäußert. In der Öffentlichkeit tritt er aber selten auf, womöglich auf Druck seiner Konkurrenten. Die adrette Aischa, eine studierte Juristin, hat sich bislang vor allem als Jetsetterin und Wohltäterin hervorgetan. Außerdem gilt sie als leidenschaftliche Köchin. As-Saadi ist wohl der exzentrischste Sprössling seines Vaters, seine Eskapaden als Lebemann und Fußballer sind legendär. Landesweit ist bekannt, dass er auf dem Bolzplatz nicht gerade eine Größe ist. Dass sein Club dennoch meist gewann, lag eher an dem vorauseilenden Gehorsam der gegnerischen Mannschaften als an seinem sportlichen Können. Bis zu einer unrühmlichen Doping-Affäre war as-Saadi eine Zeit lang sogar bei einem italienischen Profiliga-Club unter Vertrag (eine großzügige Spende soll dazu verholfen haben), drückte dort aber nur die Ersatzbank. Weil er mit der

klärten. Gaddafi reagierte auf seine Art und schimpfte die Islamisten „streunende Hunde", die „liquidiert" werden müssten. Das war nicht einfach so dahingesagt, das war blutiger Ernst. Bereits in seiner Rede von Suwaara hatte er die „Reinigung" der Gesellschaft von „politisch Kranken" angekündigt. Taten folgten bald. Oppositionelle wurden von Sondergerichten zu langjährigen Haftstrafen verurteilt oder verschwanden ohne Prozesse in den Kerkern der Polizei. Der lange Arm der libyschen Geheimdienste reichte bis ins Ausland, wo ihm zahlreiche emigrierte Oppositionelle zum Opfer fielen. Bis heute listen die jährlichen Berichte von Amnesty International schwere Menschenrechtsverletzungen in Libyen auf.

Zumindest für die ideologisch-strategische Phase Anfang der siebziger Jahre kann man Gaddafi aber zugute halten, dass er durchaus eine (partielle) Demokratisierung der libyschen Gesellschaft anstrebte. Im Jahr 1974 legte er alle seine politischen Ämter nieder, nannte sich fortan nur noch Revolutionsführer und erarbeitete seine „Dritte Universaltheorie", vermittels derer er sämtliche Probleme des menschlichen Zusammenlebens zu lösen gedachte und die er von 1975 bis 1979 in den drei Teilen seines berühmt-berüchtigten Grünen Buchs zusammenfasste. Nach dem ausbeuterischen Kapitalismus der Ersten Welt und dem unpraktikablen Kommunismus der Zweiten Welt bedürfe es nun der direkten Demokratie für die Dritte Welt, meinte Gaddafi. Der ewige Antagonismus zwischen Herrschenden und Beherrschten lasse sich nur auflösen, indem das Volk alle politischen Entscheidungen selbst treffe, statt Repräsentanten zu wählen, die doch nur ihren eigenen Interessen dienten. Die „absolute Volksherrschaft" war sein Ziel, in der

TANZSCHRITTE FÜR DEN REVOLUTIONSFÜHRER: EINE DELEGATION VON JUGENDLICHEN DEFILIERT AN DER TRIBÜNE DER WÜRDENTRÄGER VORBEI.

Tochter eines einflussreichen Politikers verheiratet ist, werden ihm durchaus Chancen auf die Nachfolge seines Vaters eingeräumt. Freuen würden sich darüber wohl nur wenige Libyer.

Der bekannteste Sohn aber ist Saif al-Islam. Offiziell ist der passionierte Maler mit Wohnsitzen in London, Genf und Wien nur Vorsitzender der wohltätigen Gaddafi-Stiftung, de facto mischt er rege in der libyschen Politik mit, unterhält beste Verbindungen zu westlichen Sicherheitsdiensten und betätigt sich als internationaler Krisenvermittler. Weltweit bekannt wurde er als Unterhändler in den Geiseldramen auf der philippinischen Insel Jolo im Sommer 2000 und in Algerien drei Jahre später. In seiner Heimat hat vor allem seine Konzeption für „Libyen im 21. Jahrhundert" für Aufsehen gesorgt, die auf seiner Studienarbeit an einer amerikanischen Universität basiert und in libyschen Buchläden verkauft wird. Darin fordert Saif al-Islam nicht nur eine unabhängige Justiz, die Privatisierung von Staatsbetrieben und eine Verbesserung des Ausbildungswesens, sondern auch die Wahrung der Menschenrechte. Seine Stiftung veröffentlichte dazu einen aufsehenerregenden Bericht über die Zustände in libyschen Gefängnissen und startete eine Kampagne gegen Folter. Es versteht sich von selbst, dass nur ein Mitglied des Gaddafi-Clans es wagen kann, diese Missstände offen anzuprangern. Fragt man libysche Geschäftsleute nach ihrer Meinung zu Saif al-Islam, ist viel Gutes zu hören, auch wenn die Idee, aus Libyen eine Art „Dubai Nordafrikas" zu machen, überwiegend auf Skepsis stößt (s. auch *Investieren und Reisen in Libyen,* Seite 190).

Gewaltenteilung und Parlamente ebenso überflüssig wären wie Wahlen und Mehrheitsentscheidungen. Zur Verwirklichung dieses Ideals ließ Gaddafi ab Mitte der siebziger Jahre im ganzen Land so genannte Basisvolkskonferenzen und Berufskonferenzen bilden: Jedes Dorf, jede Stadt und jeder Betrieb muss seither regelmäßige Zusammenkünfte durchführen, bei denen zumindest offiziell Teilnahmepflicht besteht und – in bester beduinischer Tradition – anstehende Probleme so lange diskutiert werden sollen, bis die erforderlichen Entscheidungen getroffen sind, die dann in Komitees umgesetzt werden. Zweimal im Jahr schicken diese Komitees ihre mit imperativem Mandat ausgestatteten Delegierten in den Allgemeinen Volkskongress in Sirt, der alle Belange von nationalem Interesse diskutiert und die „Minister" bestimmt, die in ideologischer Rhetorik „Sekretäre" heißen. Durch diese Rätedemokratie soll sichergestellt werden, dass tatsächlich alle Bedürfnisse jedes einzelnen Bürgers berücksichtigt werden. Nur Schlüsselbereiche wie die Rüstungs-, Außen- und Finanzpolitik sollen allein der Revolutionsführung vorbehalten bleiben.

Dieses ebenso interessante wie illusionäre System versuchte Gaddafi in den folgenden Jahren mit Millionen von Ölgeldern auch ins Ausland zu exportieren, doch scheiterten alle seine Bemühungen ebenso kläglich wie die Realisierung seiner Utopie im eigenen Land. Zwar tagen die Basisvolkskonferenzen bis heute mit sturer Regelmäßigkeit alle paar Monate (und bringen damit das öffentliche Leben fast komplett zum Erliegen), auch bestellt Gaddafi die Delegierten zweimal im Jahr in das ultramoderne Gebäude des Allgemeinen Volkskongresses in Sirt, doch dienen all diese Veranstaltungen fast ausschließlich dazu, „Empfehlungen" der Regierung abzunicken oder dem Revolutionsführer zu seinen mit monoton-rauchgeschwängerter Stimme vorgetragenen Reden zu applaudieren. Selbstverständlich versuchte Gaddafi nicht nur seine tagespolitischen Entscheidungen, sondern auch sein ganzes *Dschamaahiriya*-System durch den Koran zu legitimieren. Dabei ist sogar dieser Begriff, der dem libyschen Staat bis heute seinen Namen gibt, eine Erfindung. Das arabische Wort *dschumhuur* bedeutet „Volksmenge" oder „Masse", sein Abstraktum *dschumhuriiya* heißt „Republik". Da er ja aber etwas ganz Neues schaffen und die echte, vollständige Volksherrschaft verwirklichen wollte, genügte Gaddafi dieser Begriff nicht, weshalb er den Plural von *dschumhuur*, nämlich *dschamaahir*, kurzerhand mit der Femininendung *-iya* versah und so ein neues Wort schuf, das so viel wie „Volksmassenstaat" bedeuten soll.

Noch einschneidender als Gaddafis Verwaltungsrevolution war seine wirtschaftliche Neuordnung, die er 1977 im zweiten Teil des Grünen Buches verkündete, mit atemberaubender Konsequenz umsetzen ließ – und sein Land damit auf Jahre hinaus in der Entwicklung behinderte. Um jeden Rest

EINE EINHEIT VON SOLDATINNEN DEMONSTRIERT EHER PFLICHTBEWUSST ALS BEGEISTERT IHRE PRÄSENZ. IN LIBYEN KÖNNEN FRAUEN IN EINIGEN TEILSTREITKRÄFTEN DIENST LEISTEN – IN EINEM LAND WIE SAUDI-ARABIEN WÄRE DIES UNDENKBAR.

von Ungleichheit in der Gesellschaft zu tilgen, ließ er alle Unternehmen in Volksbesitz überführen. Arbeiter und Angestellte erhielten nun keinen festen Lohn mehr, sondern anteilige Rechte an den Produkten, die ihr Betrieb herstellte. Die Losung dieser „Produzentenrevolution" lautete „Partner statt Lohnarbeiter" und ist bis heute den Verpackungen libyscher Produkte aufgedruckt, sogar den Coca-Cola-Dosen. Der Privathandel wurde verboten, die Basarhändler mussten ihre Läden schließen. In den Suqs von Tripolis und Benghasi, in denen vorher das für orientalische Altstädte so typische Geschäftstreiben gebrummt hatte, herrschte bald gähnende Leere. Viele Häuser verfielen, bis heute haben sich die historischen Stadtviertel nicht davon erholt. Vielerorts kam das öffentliche Leben nahezu völlig zum Stillstand. Doch damit nicht genug. Weil Gaddafi befand, dass jeder Familie nur ein Heim zustehe, wurden Besitzer mehrerer Häuser enteignet. All diese Maßnahmen mündeten aber nicht in eine egalitär-blühende Zukunft, sondern in ein gigantisches Chaos, das die Staatsführung durch immer neue Vorschriften und Nachbesserungen aufzulösen versuchte. Die Menschen verloren dabei die Orientierung und das Vertrauen in die Regierung, sie wurden verunsichert und zogen sich immer weiter in die Privatsphäre und auf ihre Stammesbindungen zurück. Bald wollte sich fast niemand mehr für das Allgemeinwohl engagieren, eine beispiellose Apathie breitete sich in der Gesell-

DIE JUBELCHÖRE UND DIE MUSIK AUS DEN LAUTSPRECHERN STEIGERN SICH ZUM CRESCENDO, DIE MENGE WOGT MEHR ALS DASS DIE LEUTE NOCH AUF IHREN EIGENEN BEINEN STEHEN: DIE PERFEKTE INSZENIERUNG DES HÖHEPUNKTES, AUF DEM GADDAFI SEINEN AUFTRITT ZELEBRIERT.

schaft aus, deren bittere Früchte das Land bis heute vergiften. Die Klagen der noch kleinen, aber seit Anfang der neunziger Jahre langsam aufstrebenden Schicht privater Geschäftsleute über den mangelnden Gestaltungswillen, den fehlenden Mut und die geringe Risikobereitschaft ihrer Landsleute finden hier ihren Ursprung.

Vollends entwertete Gaddafi seine hehren ideologischen Ideale im Jahr 1979, als er handstreichartig die so genannte Trennung von Herrschaftssektor und Revolutionssektor verkündete: Fortan sollte das in Konferenzen und Komitees organisierte Volk „herrschen", während die einzig durch ihre „historische Leistung" legitimierte Revolutionsführung – also primär er selbst – über alle Entscheidungen wachen und „Anregungen" geben sollte, die jedoch nichts anderes waren als Befehle. Mit dieser euphemistischen Konstruktion, die nie gesetzlich verankert wurde, aber bis heute gilt, zementierte Gaddafi seine Diktatur und führte seine eigenen basisdemokratischen Schwärmereien ad absurdum.

Ernsthaft herausgefordert wurde seine Herrschaft in den achtziger Jahren an drei Fronten. Der fallende Ölpreis und die chaotische Innenpolitik mündeten in eine massive Wirtschaftskrise. Die islamistische Opposition verstand es, die Unzufriedenheit vieler Menschen zu kanalisieren, vor allem in der Kyrenaika kam es von nun an regelmäßig zu

Gefechten mit Sicherheitskräften und zu Anschlägen, die das Regime mit Verhaftungen und Hinrichtungen konterte. Außenpolitisch leistete sich die Revolutionsführung eine ideologisch motivierte Krise nach der nächsten. Auf Grenzstreitigkeiten mit Ägypten und Tunesien folgten eine unrühmliche und verlustreiche Beteiligung am Krieg im Tschad und die stetig anschwellende Konfrontation mit den USA. In den Augen der US-Regierung war Libyen einer der gefährlichsten Unterstützer von Terrorgruppen in aller Welt.

In den Augen der libyschen Führung versuchte Washington, seinen imperialen Anspruch auf Kosten schwächerer Staaten durchzusetzen. In zahlreichen Reden verband Gaddafi geschickt den historischen Kampf gegen die italienische Kolonialmacht mit dem Widerstand gegen den Einfluss der USA. Die Schlachtfelder dieser Auseinandersetzung lagen nicht nur in Libyen, sondern auch in Europa, und den Preis für Gaddafis Politik zahlten nicht nur die Menschen in Libyen, sondern auch die Opfer von Attentaten des libyschen

AUS ALLEN LANDESTEILEN SIND DELEGIERTE DER VOLKSKONGRESSE ANGEREIST, UM AUF DEM GRÜNEN PLATZ DIE REVOLUTION ZU FEIERN – UND DEN REVOLUTIONSFÜHRER NATÜRLICH.

Geheimdienstes. Als Gaddafi 1981 den ölreichen Mittelmeer-Golf der Großen Sirte zu nationalen Hoheitsgewässern erklärte, führte die US-Marine dort prompt ein Manöver durch und schoss zwei libysche Kampfjets ab. Ein Jahr später verhängte US-Präsident Reagan zunächst ein eingeschränktes, später ein generelles Embargo gegen Libyen. Dessen Führung rächte sich mit der Unterstützung palästinensischer Attentäter und im Jahr 1986 mit einem Anschlag auf die auch von amerikanischen Soldaten frequentierte Berliner Diskothek La Belle, bei dem drei Menschen getötet und Hunderte verletzt wurden. Die US-Regierung ließ daraufhin Tripolis und Benghasi bombardieren, wobei Gaddafis Adoptivtochter Hanaa und 36 weitere Zivilisten ums Leben kamen. Die Feindschaft zwischen den beiden Ländern schien nun endgültig besiegelt, Gaddafi schimpfte Reagan einen „Cowboy-Präsidenten", dieser revanchierte sich mit der Schmähung „räudiger Hund". Die Anschläge auf eine amerikanische Passagiermaschine über dem schottischen Ort Lockerbie im Jahr 1988 und auf einen französischen Jet über Nigeria im Jahr darauf, für die libysche Geheimdienstler verantwortlich gemacht wurden und die zusammengenommen weit über 500 Todesopfer forderten, markierten den Höhepunkt der Konfrontation. Doch zugleich ließen sich erste Zeichen einer langsamen Entspannung beobachten.

Denn gebeutelt von der Wirtschaftskrise, nun auch von UNO-Sanktionen und der fast vollständigen internationalen Isolation, sah sich die libysche Führung zu vorsichtigen Reformen gezwungen. Der Privathandel wurde wieder zugelassen, die gefürchteten Sondergerichte wurden zumindest zeitweise aufgelöst und die Feindseligkeiten mit Tunesien und Ägypten beigelegt. Den anhaltenden Konflikt mit den Islamisten konnte eine Doppelstrategie aus schonungsloser Gewalt einerseits und partiellem Entgegenkommen andererseits, etwa durch eine Teil-Islamisierung des Strafrechts, zumindest entschärfen. Die Unterstützung für terroristische Gruppen wurde nach dem Zusammenbruch des Ostblocks stillschweigend eingestellt. Dennoch dauerte es bis 1999, ehe Libyen die mutmaßlichen Verantwortlichen des Lockerbie-Anschlags an ein schottisches Gericht in den Niederlanden auslieferte. Der ungewöhnliche Ort des Prozesses sollte es der libyschen Führung ermöglichen, ihr Gesicht zu wahren. Parallel dazu wandte sich Gaddafi nach dem Scheitern seiner panarabischen Visionen verstärkt den afrikanischen Ländern zu und konnte diese nach langwierigen Verhandlungen am symbolträchtigen Datum des 9. 9. 1999 zur Initiierung der Afrikanischen Union nach dem Vorbild der Europäischen Union bewegen. Schon bald zeigte sich aber auch bei diesem Projekt, dass nationale Egoismen und der Unwille der anderen Staaten, sich dem libyschen Führungsanspruch zu unterwerfen, den Vereinigungsplänen enge Grenzen setzten. Zudem stieß Gaddafis Hinwendung zu Schwarzafrika auf massiven Unwillen in der libyschen Bevölkerung. Nach der ideologisch motivierten Öffnung der Grenzen zu den südlichen Nachbarländern strömten ab dem Jahr 2000 Hunderttausende von afrikanischen Migranten ins Land, woraufhin es in einzelnen libyschen Städten zu Hetzjagden auf Schwarze mit Dutzenden von Toten kam (s. *Einleitung,* Seite 30).

Den entscheidenden Schwenk in seiner Außenpolitik, der von vielen Beobachtern im Ausland mit Erstaunen quittiert wurde, vollzog Gaddafi aber nach dem 11. September 2001.

DIE PERSPEKTIVE DES CHEFS: GADDAFIS GELBER LEDERSESSEL IM ALLGEMEINEN VOLKSKONGRESS IN SIRT.

Es war gleichsam der Beweis dafür, dass der einstige Bannerträger der Revolution sich zum geschickt taktierenden Pragmatiker gewandelt hatte. Anders als etwa der irakische Despot Saddam Hussein erkannte Gaddafi, dass die USA nach den Terroranschlägen in New York und Washington ihre Außenpolitik völlig umstellen und nun im Umgang mit gegnerischen Regimen keinerlei Rücksicht mehr nehmen würden. Gaddafi begriff, dass ihm der Machtverlust drohte, wenn er nicht radikal umschwenkte. Und er schwenkte radikal um. Nach Geheimverhandlungen mit den Amerikanern verkündete er Ende 2003 den Verzicht auf Massenvernichtungswaffen. Demonstrativ schickte er ein Schiff mit den technischen Beständen des libyschen Atomwaffenprogramms in die USA, seine Geheimdienste sollen dem einstigen Todfeind zusätzlich wertvolle Hinweise zum Terrornetzwerk al-Qaida geliefert haben. Die Hinterbliebenen der Opfer libyscher Anschläge ließ Gaddafi durch Millionensummen entschädigen, und die europäischen Staaten stimmte er mit der Ankündigung gewogen, künftig enger in der (rigiden) Flüchtlingspolitik zu kooperieren. So wurde aus dem einstigen Befreiungskämpfer und Unterstützer des Terrorismus ein Partner im so genannten Kampf gegen den Terror.

Im Jahr 2005 hob die Europäische Union ihr Waffenembargo gegen Libyen auf, ein Jahr später beendeten die USA ihre Handelssanktionen. Dass die Aussicht auf lukrative Geschäfte mit dem libyschen Öl- und Gassektor dabei kräftig nachhalf, darf angenommen werden (s. *Investieren und Reisen in Libyen,* Seite 190). Gleichzeitig hat die internationale Gemeinschaft durch die Wiederaufnahme Libyens in ihre Mitte auch Gaddafis Herrschaft gestärkt, an deren Grundstrukturen sich nun so schnell nichts ändern dürfte. Und doch ist eine gewisse (Teil-)Liberalisierung des Regimes nicht zu übersehen. Die Menschen informieren sich in Satellitensendern und im Internet nahezu unbeschränkt über das Weltgeschehen und sie beginnen, hinter vorgehaltener Hand die Mächtigen zu kritisieren. Dass die Zügel des Regimes lockerer werden, hat ein libyscher Rechtsanwalt einmal so formuliert: „Unser Bild in der Welt ist deshalb so schlecht, weil die westlichen Medien, wenn sie sich schon mal mit Libyen befassen, nur auf die Politik schauen und nur Probleme behandeln. Das Leben der normalen Menschen sehen sie gar nicht. Dabei hat sich hier einiges verändert. Früher durfte man kein einziges Wort gegen die Regierung sagen oder schreiben. Heute kritisieren sogar die Zeitungen die Regierung. Nur Gaddafi ist weiterhin tabu."

Ein Fazit von fast 40 Jahren Herrschaft Muammar al-Gaddafis fällt dementsprechend gemischt aus. Selbst viele Libyer halten ihm zugute, dass er die Fliehkräfte des extrem heterogenen Landes zusammengehalten, sich jahrelang der Beeinflussung durch andere Staaten widersetzt und mithilfe der Ölgelder einen Wohlfahrtsstaat mit kostenloser Bildung und Gesundheitsvorsorge errichtet hat. Libyen weist das geringste Wohlstandsgefälle in Nordafrika und den zweithöchsten Lebensstandard auf dem ganzen Kontinent auf. Viele afrikanische Staaten haben zudem von Gaddafis großzügigen Geldüberweisungen profitiert. Im Vergleich zu anderen arabischen Ländern haben die libyschen Frauen deutlich mehr Rechte (s. *Einleitung*, Seite 30). Auf der anderen Seite stehen die verheerenden Folgen des diktatorischen Systems und der verquasten Revolutionsideologie: Ein Verwaltungschaos, das viele Menschen in die Lethargie getrieben hat. Eine daniederliegende Privatwirtschaft, die sich erst langsam zu erholen beginnt, aber noch lange nicht an den Punkt gelangt ist, an dem sie den auf Öl- und Gasexport basierenden Rentenkapitalismus durch Produktion, Handel und Tourismus ausgleichen kann. Massive Menschenrechtsverletzungen, die ein Klima der Angst in der Bevölkerung geschaffen haben. Die Verschwendung von zig Milliarden Dollar für den weltweiten Revolutionsexport, außenpolitische Abenteuer und eine teure, aber ineffiziente Rüstungspolitik. Und schließlich aufreibende Konflikte mit so gut wie jedem Nachbarland und den westlichen Staaten, unter deren Folgen die ganze Bevölkerung zu leiden hatte.

Zurück auf den Grünen Platz, zurück in das Spektakel der Revolutionsfeiern. Nachdem er sich einige Minuten lang dem Volk gezeigt hat, tritt Gaddafi rasch wieder ab, das Feuerwerk wird von einem Goldregen gekrönt und erlischt dann ebenso plötzlich, wie es begonnen hat. Die Feier ist zu Ende. Rasch verläuft sich die Menge, sie hat ja ihre Schuldigkeit getan. Höchste Zeit, zum Abendessen nach Hause oder zurück in eines der Zelte zu gehen. Nur an einer Ecke des Platzes gibt es noch einmal kurz Unruhe, als der Konvoi des Staatschefs durch die Menge rast. Erschrocken springen die Menschen zur Seite. Für einen Augenblick ist der oberste Bruder seinem Volk noch mal ganz nah – und doch himmelweit von ihm entfernt. Seine Leibwächter fuchteln mit martialischen Gesten aus den geöffneten Fenstern der Limousinen, die Maschinenpistolen im Anschlag. Hintendrein rast ein angerosteter Pick-up, auf dessen Ladefläche sich die herrschaftlichen Sitzpolster türmen, die eilig von der Ehrentribüne gerissen wurden. Ein paar hundert Meter weiter liegen noch immer einige Jugendliche am Strand, obwohl es längst dunkel geworden ist. Das Rauschen der Wellen ist einfach viel schöner als Feuerwerk, Ordensverleihungen und Revolutionsrhetorik – und als geheuchelter Jubel.

DIE APOLOGETINNEN – BESUCH IM ALLGEMEINEN VOLKSKONGRESS IN SIRT

Der offiziellen libyschen Landeshauptstadt Sirt sieht man ihre Privilegierung auf den ersten Blick an. Die Häuser sind stabil und herausgeputzt, auf den blitzblanken Straßen rollen Limousinen. Gaddafi hat die Heimatregion seines Stammes kontinuierlich aufgepäppelt. Im Stadtzentrum thront das glänzende Gebäude des Allgemeinen Volkskongresses, in dem gerade eine der Halbjahrestagungen zu Ende gegangen ist. Deshalb dauert es eine Weile, bis man in eines der benachbarten Regionalministerien vorgedrungen ist. Aber schließlich sitzt man im Büro der Sozialministerin vier eloquenten Vertreterinnen des Volkskongresses gegenüber, die sich bereit erklären, Rede und Antwort auf Fragen nach der libyschen Politik zu stehen. Was sich in der folgenden Stunde abspielt, lässt sich allerdings nur als apologetische Propagandashow bezeichnen und belegt einmal mehr, dass man von libyschen Offiziellen kaum differenzierte Auskünfte erwarten darf. Frauen spielten eine entscheidende Rolle in der modernen libyschen Gesellschaft, vernimmt man in feinstem Hocharabisch. Anders als in den restlichen arabischen Ländern gebe es in Libyen keinerlei Unterschiede mehr zwischen den Geschlechtern. Während sie vor der Revolution 1969 nur für die Kindererziehung zuständig gewesen seien, bekleideten Frauen heute bedeutende Positionen als Ärztinnen, Ingenieurinnen und Richterinnen. Und all das sei dem Revolutionsführer zu verdanken. Auf die Zwischenfrage, wie denn dann die krasse Geschlechtertrennung und die fast vollständige Abwesenheit von Frauen im öffentlichen Raum vor allem im Süden des Landes zu erklären sei, bekommt man eine entwaffnende Antwort: Eine Geschlechtertrennung gebe es gar nicht. Auch die Erwiderung auf die vorsichtige Frage nach der Fremdenfeindlichkeit gegen Schwarze beweist hundertprozentige ideologische Linientreue: Ja, in den USA und in Europa würden Minderheiten benachteiligt, nicht aber in Libyen. Dort würden alle Menschen gleich behandelt, das entspreche schließlich dem panafrikanischen Programm des Revolutionsführers. Basta. Zum Abschluss des Gesprächs bekommt man als Souvenir eine verbeulte Blechmedaille zugesteckt, dann schlendert man zurück ins Volkskongressgebäude, ruht sich in einem der schweren Ledersessel von der „Theateraufführung" aus, betrachtet die gigantischen Propagandaplakate – und stutzt plötzlich. In riesigen Lettern steht dort die panafrikanische Losung „Long live Africa. Long live the African Uonion". Die Stolpersteine zwischen Schein und Sein in Libyen sind manchmal sogar orthografischer Natur...

Tripolitanien

DAS ERBE DER ANTIKE

Römische Ruinenstädte und vibrierende Fußballstadien, abgelegene Berberdörfer und extravagante Internet-Cafés: Der fruchtbare Nordwesten Libyens ist so vielfältig wie seine Bevölkerung. Sogar Robinson Crusoe lebt hier.

طرابلس

SEITE 66: EINE RUNDE KARTENSPIEL MIT DEN FREUNDEN: ABENDSTIMMUNG IN EINEM STRASSENCAFÉ IM ITALIENISCHEN KOLONIALVIERTEL VON TRIPOLIS. IM HINTERGRUND DIE EHEMALIGE CHRISTLICHE KATHEDRALE, DIE IN EINE MOSCHEE MIT IMPOSANTEM MINARETT UMGEWANDELT WURDE.

Anstoß Libyen, los geht's! Einer der Stürmer angelt sich sofort den Ball und rennt auf das gegnerische Tor zu. Ein Abwehrspieler kann ihn gerade noch stoppen, doch die Zuschauer hat der libysche Nationalkicker mit seinem gewagten Spielzug bereits in Begeisterung versetzt. „Li-by-a! Li-by-a!" hallt es von den Rängen. Auf der Pressetribüne hämmert der Radioreporter seinen Live-Bericht in ein vorsintflutliches Mikrofon, sogar die notorisch desinteressierten Musikanten der Nationalhymnen-Kapelle unterbrechen ihren Schwatz.

„Jetzt dürfen wir nicht nachlassen, wir müssen weiter Druck machen!", ruft Abdulghafar Baschir al-Kilani. „Die Sudanesen spielen zwar nicht besonders gut, aber ihre Abwehr steht ziemlich sicher." Der 21-Jährige, der von seinen Freunden nur Ghafar genannt wird, opfert jede freie Minute dem Fußball. Da ist es eine Selbstverständlichkeit, dass er auch das Weltmeisterschafts-Qualifikationsspiel seines Landes gegen das Team aus dem Sudan nicht verpasst – obwohl beide Mannschaften keine Chance mehr auf die Teilnahme an der Endrunde 2006 in Deutschland haben. Aber wer heute gewinnt, darf wenigstens zum Afrika-Cup nach Ägypten. Leider wendet sich nach einer Viertelstunde Spielzeit das Blatt und die Sudanesen dominieren. Die rund 20 000 libyschen Zuschauer sind davon überhaupt nicht angetan, Buh-Rufe schallen durchs Stadion. „Ganz klar: Tarik at-Tayyib fehlt!", sagt Ghafar mit bekümmertem Gesicht. Der beste libysche Spieler, der zur Zeit bei einem Verein in der Türkei kickt, hat keine Freigabe für das Länderspiel bekommen. „Wäre Tarik gekommen, wäre das Stadion rappelvoll", glaubt Ghafar. Und die libysche Nationalmannschaft würde sich wohl nicht so schwer tun. Denn Mitte der zweiten Halbzeit steht es immer noch null zu null, und das Publikum schwankt zwischen empörten Spottrufen und resignativem Schweigen. Zwar kombinieren die grün gewandeten Spieler einige schöne Doppelpässe über die linke Seite, aber vor dem Tor versagen sie geradezu kläglich. „At-Tayyib fehlt!", klagt Ghafar. Als der libysche Torwart zum dritten Mal in höchster Not vor den heranstürmenden Sudanesen klären muss, fliegen die ersten Plastikflaschen und Knallkörper aufs Spielfeld.

Die Libyer sind ein fußballverrücktes Volk. Rund 60 000 der knapp sechs Millionen Einwohner sind Mitglied in einem Fußballverein; die meisten Clubs gibt es in Tripolitanien, dem Wirtschaftszentrum im Nordwesten des Landes, in dem rund zwei Drittel der Bevölkerung leben. Der Sport dient auch als Ventil für gesellschaftliche Unzufriedenheit: Politische Fundamentalkritik, die man sonst nur eingeschränkt äußern darf, kann man sich im Stadion aus der Seele schreien. Zum Beispiel, indem man lautstark auf den Club *al-Ittihaad* schimpft. Der ist nämlich eine Art Spielzeug des Gaddafi-Sohnes as-Saadi. Der als exzentrisch bis durchgedreht verschrieene Spross des Revolutionsführers stellte bei Spielen nicht nur bevorzugt sich selbst auf, sondern sorgte auch dafür, dass sein Team auf wundersame Weise meistens siegte. Als er es einmal zu bunt trieb und der vorauseilende Gehorsam der gegnerischen Verteidiger allzu offensichtlich wurde, gab es im Stadion gewalttätige Proteste mit zahlreichen Verletzten. Möglicherweise war das einer der Gründe, warum as-Saadi später sein Glück bei italienischen Profi-Vereinen suchte. Doch dort halfen ihm weder gute Kontakte noch großzügige Spenden zu einem Einsatz außerhalb des Trainings: Kein einziges Liga-Spiel durfte er bestreiten; er sei einfach nicht gut genug, hieß es. Vielleicht hätte er auf seinen Vater hören sollen, der gar nichts vom Fußball hält und sich in einem seiner literarischen Ergüsse lustig machte über „die sinnlosen Bewegungen von exakt 22 Individuen (...), die hinter einem kleinen, mit gewöhnlicher Luft gefüllten Sack in der Größe einer Melone herlaufen."

Das sieht Ghafar natürlich ganz anders. Er würde alles für den Fußball geben. Und selbstverständlich kickt er auch selbst – sobald sein Meniskus wieder in Ordnung ist. Den muss er nämlich in Kürze in Tunesien operieren lassen, wo

LINKS: DIE LIBYSCHE FUSSBALL-NATIONALMANNSCHAFT IST TOPMOTIVIERT – SELBST WENN SIE NUR SELTEN GEWINNT.

RECHTS: 0:0 GEGEN DEN SUDAN – DAS REISST NOCH NICHT MAL DIE POLIZEI ZU BEGEISTERUNGSSTÜRMEN HIN.

GEGENÜBER: AUFSPIELEN FÜR DIE HEIMAT: DIE NATIONALHYMNEN-KAPELLE SORGT IM FUSSBALLSTADION VON TRIPOLIS FÜR DIE PAUSENUNTERHALTUNG.

die Ärzte besser sind. Vorsorglich trinkt er bis dahin weder Kaffee noch den in Libyen allgegenwärtigen Tee. „Ich bin Sportler, ich muss meinen Körper schonen!", verkündet er. Und dann stöhnt er auf: Abpfiff. Immer noch steht es null zu null. „Oje. Jetzt wird das letzte Spiel gegen Kamerun entscheiden, ob unsere Mannschaft nach Ägypten fährt. Das wird ein echtes Endspiel." Natürlich wird er dabei sein.

Einige Kilometer nördlich des Stadions hat Abdulbasset Hussein Ali andere Sorgen. Er sitzt neben seiner Freundin Hyfa im ehemaligen Königspalast im Stadtzentrum von Tripolis, der in eine Volksbücherei mit überschaubarem Bücherbestand umgewandelt wurde, und büffelt Französisch. „Ganz schön schwer", ächzt er, „aber ich muss mich durchbeißen". Schließlich will er bei dem französischen Ölunternehmen, für das er arbeitet, Karriere machen. „Man muss immer bereit sein, Neues zu lernen, wenn man im Leben vorankommen will", sagt Abdulbasset, und seine Freundin, die Medizin studiert, nickt zustimmend. Dann beugen sich beide wieder über ihre Bücher. Im Nebenraum, dem ehemals herrschaftlichen Empfangszimmer, stehen unter einer feinen Kassettendecke und goldenen Kronleuchtern mehrere Computer. Ein halbes Dutzend Studenten surft in diesem ungewöhnlichen Internet-Café in der weiten Welt umher, Zensur gibt es kaum. Im Schutze stiller Ecken üben Jungs und Mädchen das Flirten. Passenderweise fährt draußen ein Auto vorbei, aus dessen geöffneten Fenstern ein libyscher Pop-Hit wummert: „*Bhibbek*" – „Ich liebe Dich". Mit diesem Song hat der libysche Zahnmedizin-Student Ayman Later im Jahr 2004 den zweiten panarabischen „Superstar"-Wettbewerb gewonnen. Bei seinem Sieg gegen 80 Konkurrenten aus der ganzen arabischen Welt half ihm neben seiner goldenen Kehle vor allem, dass seine Tripolitaner Altersgenossen in Scharen die Internet-Cafés stürmten, um *online* für ihn abzustimmen. Allerdings währte sein Ruhm, nicht anders als bei den europäischen „Superstars", nur kurze Zeit. Den wahren Größen der libyschen Pop-Szene, etwa Schab Bakr, Ibrahim al-Hisnaawi oder der Band *Firqat at-Taa'ir al-Abyad* („Weißvogel-Band"), die den libyschen Reggae berühmt gemacht hat, konnte er keine Konkurrenz machen. Deren Songs dudeln rund um die Uhr aus Autoradios, Restaurant-Boxen und den winzigen Musikläden in der Altstadt von Tripolis.

LINKS: „KANAL DES VOLKSMASSENSTAATS": WÄHREND DER RADIOMODERATOR SEINEN LIVE-BERICHT INS MIKROFON HÄMMERT, KANN DAS LÄNDERSPIEL ZWISCHEN LIBYEN UND DEM SUDAN BEI SEINEN ASSISTENTEN KEINE RECHTE BEGEISTERUNG WECKEN.

OBEN: „GANZ KLAR: TARIK AT-TAYYIB FEHLT!“ FUSSBALLEXPERTE ABDULGHAFAR BASCHIR AL-KILANI WEISS GENAU, WO DER SCHWACHPUNKT DES LIBYSCHEN TEAMS LIEGT.
RECHTS: SKEPTISCHE BLICKE FÜR EINE MÄSSIGE VORSTELLUNG: DIE LIBYSCHEN FANS LASSEN ES LOCKER ANGEHEN – NUR BEI GANZ SCHWACHEN LEISTUNGEN IHRES TEAMS FLIEGEN AUCH MAL PLASTIKFLASCHEN.

OBEN: DER HORT DES WISSENS IST ÜBERSCHAUBAR: DER EHEMALIGE KÖNIGSPALAST IM STADTZENTRUM VON TRIPOLIS WURDE IN EINE VOLKSBÜCHEREI MIT DÜRFTIGEM BÜCHERBESTAND UMGEWANDELT. LINKS: „GANZ SCHÖN SCHWER, ABER WIR BEISSEN UNS DURCH." ABDULBASSET HUSSEIN ALI UND SEINE FREUNDIN HYFA ACKERN FÜR EINE ERFOLGREICHE KARRIERE.

طرابلس

Dieser älteste Teil der Hauptstadt, der auf antiken Trümmern errichtet wurde, ist in bedauernswertem Zustand. Zwar folgen die beiden Hauptgassen noch den römischen Straßen-Achsen Cardo und Decumanus. Auch die kleine griechisch-orthodoxe Kirche St. Georg aus dem Jahr 1647 versteckt sich noch zwischen rund 40 zum Teil sehr schönen Moscheen, deren Muezzine fünf Mal täglich zum Gebet rufen, statt ein Tonband abzuspielen, wie es in vielen anderen arabischen Ländern gehandhabt wird. Doch die meisten Häuser sind baufällig. Um die Errungenschaften ihrer Ideologie hervorzuheben, animierte die Regierung die Bewohner, in moderne Gebäude in der Neustadt umzuziehen. In den verlassenen, verfallenden Altstadthäusern ließen sich Arbeitsimmigranten aus West- und Zentralafrika nieder. Das öffentliche Leben in den Gassen erinnert deshalb eher an Timbuktu oder Khartum als an eine arabische Mittelmeerstadt. Der Kontrast zu den schicken Geschäften im ehemaligen italienischen Kolonialviertel nebenan und zum pompösen 5-Sterne-Hotel *Corinthia Bab Africa Hotel* an der Hafenpromenade ist augenfällig.

600 000 Menschen leben in der libyschen Hauptstadt, im Ballungsraum sind es doppelt so viele. Im Vergleich zur ägyptischen Krake Kairo mit ihren über 20 Millionen Einwohnern ist das nicht viel, aber gemessen an der libyschen Gesamtbevölkerung erscheint Tripolis als Metropole. Lang ist die Liste der Völker und Dynastien, die die Stadt im Laufe der Geschichte beherrscht haben. Karthager, Römer, Byzantiner, Araber, Türken und Italiener sind nur die wichtigsten. Im 18. und 19. Jahrhundert war Tripolis der beliebteste Ausgangspunkt europäischer Forscher, die nach Zentralafrika aufbrachen, darunter die Deutschen Friedrich Hornemann (1799) und Heinrich Barth (1850, s. *Silberbesteck in der Wüste – Unterwegs mit Heinrich Barth*, Seite 132).

Ihren Namen bekam die Stadt bereits in der Antike: Tripolis, das bedeutet Drei-Städte-Bund. Etwa im 8. Jahrhundert v. Chr. hatten nach derzeitigem Forschungsstand entweder phönizische Siedler aus Tyros und Sidon im heutigen Libanon oder karthagische Händler drei Städte an der heutigen westlibyschen Küste gegründet: Sabrata, Oea und Leptis Magna. Nachdem sie von den Karthagern über die Numider schließlich in den Besitz der Römer gelangt waren, wurden sie im 3. Jahrhundert n. Chr. unter Kaiser Diokletian zu einer Föderation vereint. Vermutlich wegen

RECHTS: AMÜSEMENT FÜR DAS HEER DER JUGENDLICHEN: AUF DEM GRÜNEN PLATZ IN TRIPOLIS KÖNNEN MÜSSIGGÄNGER SICH ABLICHTEN LASSEN – IN EINER SCHMUCKEN KUTSCHE, MIT EINER LEBENDEN GAZELLE ODER AUF EINEM FUNKELNDEN MOTORRAD. DIE SO ENTSTANDENEN FOTOS SCHMÜCKEN WOHNZIMMERWÄNDE UND KINDERZIMMERREGALE.

DER RUF DER WEITEN WELT: WEIL VIELE ALTSTADTHÄUSER KEINEN TELEFONANSCHLUSS HABEN, SIND DIE EINWOHNER AUF TELEFONLÄDEN ANGEWIESEN. DA DIE VIERTEL VOR ALLEM VON AFRIKANISCHEN MIGRANTEN BEVÖLKERT WERDEN, GEHEN DIE MEISTEN GESPRÄCHE GEN SÜDEN.
RECHTS: WER ES SICH LEISTEN KANN, MACHT ES SICH EINFACHER: IN DEN GROSSEN STÄDTEN LIBYENS FUNKTIONIERT DAS HANDYNETZ EINWANDFREI. AUSSERHALB DER ORTSCHAFTEN – ALSO AUF ÜBER 95 PROZENT DER LANDESFLÄCHE – IST SCHLUSS MIT DEM DRAHTLOSEN PLAUDERN. INVESTOREN FÜR EINEN AUSBAU DES TELEFONNETZES WERDEN NOCH GESUCHT.

des tiefen Hafenbeckens und des besonders fruchtbaren Umlands hat einzig Oea unter dem Namen Tripolis bis heute als bewohnte Stadt überlebt. Die Region Tripolitanien ist so ertragreich, da die fast 1000 Meter aufragenden Höhenzüge des Dschabal Nafuusa einen Sperrgürtel gegen die südliche Wüstenregion bilden, an dem die Wolken des Mittelmeers abregnen. Nur deshalb gedeihen an einem schmalen Küstenstreifen Zitrusfrüchte, Getreide, Palmen und Gemüse. Zugleich beherbergt die Region die meisten Kulturschätze des Landes: neben den phönizisch-römischen Ruinenstädten Sabrata und Leptis Magna an der Mittelmeerküste auch die Speicherburgen der Berber auf dem Dschabal Nafuusa und die Oasenstadt Ghadaames im Dreiländereck von Libyen, Algerien und Tunesien.

Zwar haben die italienischen Kolonialherren in Libyen unsägliches Leid hinterlassen (s. *Einleitung*, Seite 30), doch *eine* Leistung muss man ihnen zweifellos zugestehen: Ihre (nationalistisch motivierten) Ausgrabungen brachten zwei der bedeutendsten antiken Städte zurück ans Licht der Öffentlichkeit. Wer sich für das städtische Leben im

Römischen Reich interessiert, sollte nicht nur nach Italien, sondern auch nach Libyen reisen. Denn solch exzellent erhaltene Ruinen wie in Sabrata und Leptis Magna findet man in Italien kaum. Durch den Sand von anderthalb Jahrtausenden überdeckt, erwachten diese antiken Juwelen erst Mitte des 20. Jahrhunderts zu neuem Leben.

Sabrata, rund 80 Kilometer westlich der heutigen Hauptstadt Tripolis direkt an der Küste gelegen, gehörte ab dem Jahr 46 v. Chr. zum Römischen Reich. Weil nur wenige schriftliche Quellen erhalten sind, kann seine frühere Bevölkerungszahl nur geschätzt werden. Aber da auf den steinernen Erdgeschoßen der dicht beieinander stehenden Häuser weitere Etagen aus Holz thronten, dürften in der Stadt 15 000 bis 20 000 Einwohner gelebt haben. Als wichtiges Handelszentrum unterhielt Sabrata beste Verbindungen nach Rom und exportierte vor allem Elefanten und Elfenbein. Das Geschäft florierte, und so ließen die reich gewordenen Familien luxuriöse Herrschaftshäuser, raffinierte Thermen und mit griechischem Marmor geschmückte Tempel bauen, deren Überreste den Betrachter noch heute in Staunen versetzen. Das Ende des prunkvollen Lebens kam aus heiterem Himmel: Nach mehreren starken Erschütterungen legte ein schweres Erdbeben im Jahr 365 n. Chr. die Stadt in Schutt und Asche. Davon erholte sie sich nie mehr. Zudem verhinderte der mittlerweile weit verbreitete christliche Glaube, dass die alten heidnischen Tempel wiederaufgebaut wurden. Als im 7. Jahrhundert die arabischen Heere Tripolitanien eroberten (s. *Ein Bote des Islams – Uqba bin Nafi'*, Seite 197) und Oea zu ihrer Hauptstadt machten, versank Sabrata schließlich in der Bedeutungslosigkeit.

Doch das schönste Gebäude der Stadt kann heute wieder bewundert werden: Das um 190 n. Chr. fertig gestellte, aber durch das Beben zerstörte römische Theater wurde in den vierziger Jahren von italienischen Archäologen teilweise wiederaufgebaut. Heute ist es, neben dem Theater von Bosra in Syrien, eines der beiden schönsten römischen Theater im ganzen Mittelmeerraum. Wer einmal in den breiten Sitzreihen gesessen und durch die Pforte des

ZWEI RELIGIONEN ZEITVERSETZT UNTER EINEM DACH: DIE EHEMALIGE ITALIENISCHE KATHEDRALE WURDE IN EINE MOSCHEE UMGEWANDELT. ÄUSSERLICH HAT SICH DER BAU KAUM VERÄNDERT, DOCH IM INNEREN IST DER WECHSEL OFFENSICHTLICH, DA DIE INNERE HAUPTACHSE GEÄNDERT WURDE: WEIL DAS GEBÄUDE – ANDERS ALS BEI MOSCHEEN ÜBLICH – NICHT NACH MEKKA AUSGERICHTET IST, MUSSTE DIE QIBLA, DIE ISLAMISCHE GEBETSNISCHE, VERSETZT WERDEN.

22 Meter hohen Bühnenhauses auf das direkt dahinter wogende Meer geschaut hat, wird dieses Erlebnis nicht mehr vergessen. Von einer leichten Seebrise umspielt, fällt es dem Besucher leicht, sich hier in die Antike zurückversetzt zu fühlen und sich vorzustellen, wie es wohl gewesen sein mag, zwischen 5000 Zuschauern einem Lustspiel oder einer Bürgerversammlung beizuwohnen, während man Oliven und Nüsschen naschte.

Übertrumpft wird Sabrata nur von einer anderen römischen Metropole in Tripolitanien: Leptis Magna, „dem Traum eines Kaisers", wie es der Historiker Mihail Rostovzeff nannte. Im Vergleich zu dieser grandiosen Ruinenstadt sind die Reste des Forum Romanums in Rom nur überschaubare Trümmer. Der Name der rund 100 Kilometer östlich von Tripolis an der Küste gelegenen Stadt ist vermutlich die latinisierte Form der früheren punischen Bezeichnung „Karthago". Das bedeutet schlicht „Neustadt" und darf nicht mit dem gleichnamigen Stammsitz der Karthager im heutigen Nordtunesien verwechselt werden. Wie auch Sabrata, gelangte Leptis Magna von den Karthagern über die Numider in den Besitz der Römer, erfreute sich aber zumeist weitgehender Autonomie. Gemeinsam mit dem von den Phöniziern an der Küste kultivierten Ölbaum trug die Semi-Unabhängigkeit entscheidend zur wirtschaftlichen Blüte der rasch wachsenden Hafenmetropole bei. Eine Zahl mag die Prosperität verdeutlichen: Julius Cäsar zwang die Bürger Leptis Magnas im Jahr 46 v. Chr. zur Lieferung einer Million Liter kostbaren Olivenöls, weil sie im römischen Bürgerkrieg seinen Kontrahenten Pompeius unterstützt hatten. Wirtschaftliche Bedeutung erlangte die Stadt aber vor allem als Ausfuhrhafen für exotische Güter aus Zentralafrika: Die meisten wilden Tiere für die Zirkusspiele im gesamten Römischen Reich wurden von hier aus verschifft. Ihre Vorrangstellung vor Sabrata und Oea zeigte sich nicht nur an der Größe der womöglich bis zu 100 000 Einwohner zählenden Metropole, sondern auch an ihrem besonderen Rechtsstatus einer Kolonie, den ihr Kaiser Trajan (reg. 98–117 n. Chr.) verlieh. Sein Nachfolger Hadrian (reg. 117–138 n. Chr.) ließ

ANTIKE PRACHT IN SABRATA WESTLICH VON TRIPOLIS.
LINKS: DAS RÖMISCHE THEATER GILT ALS EINES DER SCHÖNSTEN IM MITTELMEERRAUM. ITALIENISCHE ARCHÄOLOGEN BAUTEN DIE EINGESTÜRZTE BÜHNENWAND WIEDER AUF, WENIGE METER DAHINTER LIEGT DAS MEER. BIS HEUTE FINDEN HIER SCHAUSPIELE UND KONZERTE STATT.
UNTEN: DER LEU HÄLT WACHT: EIN DETAIL AUS DEM PUNISCHEN GRABTURM.
GANZ UNTEN: RUINENSTADT DIREKT AM MEER: BLICK AUF DAS FORUM UND DIE TEMPELSÄULEN EINES PUNISCHEN FRUCHTBARKEITSGOTTES.

eine riesige Thermenanlage bauen, die bis heute in großen Teilen erhalten ist: Bei einem Rundgang erkennt man nicht nur die einzelnen Schwitz- und Massageräume, sondern auch die Rohrleitungssysteme für Wasser und heißen Dampf und sogar die Toiletten. Einst waren sämtliche Wände des riesigen Badehauses mit buntem Marmor verkleidet.

Doch der entscheidende Aufstieg der Stadt ist mit einer anderen Persönlichkeit verbunden, die im Jahr 146 n. Chr. in Leptis Magna das Licht der Welt erblickte und jedem Schüler der römischen Geschichte geläufig ist: Septimius Severus. Unter seiner Herrschaft in den Jahren 193–211 n. Chr. erlebte die Stadt ihre Blütezeit, denn der „schwarze Kaiser", wie Septimius wegen seiner afrikanisch-dunklen Hautfarbe genannt wurde, setzte gemeinsam mit seiner syrischen, hoch gebildeten Gemahlin Julia Domna alles daran, aus seiner Geburtsstadt ein Abbild Roms zu machen: Er verlieh ihr das *ius italicum* und befreite sie damit weitgehend von Steuerabgaben. Er initiierte zahlreiche prunkvolle Bauwerke, unter denen der gewaltige, von Bürgern der Stadt finanzierte Triumphbogen zu seinen eigenen Ehren bis heute herausragt. So verwirklichte er seinen Traum eines „neuen Roms". Doch auch die nachfolgenden Herrscher verewigten sich in Leptis Magna. Beeindruckend ist die Severische Basilika, ein ursprünglich profanes, dreischiffiges Gebäude zu Repräsentationszwecken, das Kaiser Justinian (reg. 527–565 n. Chr.) in eine christliche Kathedrale umwandeln ließ. Den Rosengranit für einige Säulen ließ er eigens aus dem oberägyptischen Assuan holen. Allein in dieser Ruine kann man sich als Besucher mehrere Stunden aufhalten, die zwölf Taten des Herkules auf den meisterhaft bearbeiteten Reliefpfeilern bewundern und die fast 1500 Jahre alten Stufen auf die Empore hinaufsteigen, um von dort einen atemberaubenden Blick über die ganze Ruinenstadt und das Meer zu genießen. Als die Basilika ausgebaut wurde, hatte allerdings bereits der Niedergang Leptis Magnas eingesetzt, der nach zahlreichen Angriffen von Berbern und Wandalen im 5. Jahrhundert n. Chr. ebenso wie in Sabrata mit der Eroberung durch die Araber seinen Abschluss fand. Schon

bald wurde die einst glänzende Stadt als Steinbruch genutzt. Antike Säulen und Quader aus Leptis Magna finden sich heute nicht nur in Moscheen in der weiteren Umgebung, sondern auch in Kirchen auf der Insel Malta, ja sogar in der Kapelle Saint Germain des Prés in Paris und im britischen Schloss Windsor.

Auf dem Bergzug Dschabal Nafuusa im Süden Tripolitaniens ging es dagegen immer schon glanzlos zu. Zwar durchquerten die Römer auf ihren Feldzügen gen Süden auch diese karge Landschaft, doch bedeutende Bauwerke hinterließen sie hier nicht. Diese Aufgabe blieb, in viel bescheidenerer Form, der einheimischen Bevölkerung überlassen, die seit eh und je den schroffen Felsen und den kalten Wintern trotzt: den Berbern. Aufgrund ihrer Abgeschiedenheit und der unwirtlichen Natur entwickelten diese Menschen Kulturtechniken viel langsamer als andernorts. Während beispielsweise in der Levante, also dem heutigen Syrien, Libanon und Palästina, bereits seit Jahrhunderten komplizierte, aber effiziente Techniken beim Korndreschen angewendet wurden, droschen die Berber Tripolitaniens noch Mitte der vierziger Jahre ihren Weizen in einem schwerfälligen und langwierigen Verfahren: Drei angepflockte Kamele

ANTIKE PRACHT IN LEPTIS MAGNA ÖSTLICH VON TRIPOLIS.

OBEN: DER DECUMANUS, DIE OST-WEST-ACHSE DER RÖMISCHEN STADT, MIT DEM TRIUMPHBOGEN DES SEPTIMIUS SEVERUS.

LINKS: BERÜHMTESTER SOHN DER STADT: STANDBILD DES SEPTIMIUS SEVERUS, DES „SCHWARZEN KAISERS" UND BEGRÜNDERS DER SEVERISCHEN KAISERDYNASTIE, DER IN LEPTIS MAGNA GEBOREN WURDE.

ALLEIN IN DIESER RUINE KANN MAN SICH ALS BESUCHER MEHRERE STUNDEN LANG AUFHALTEN: DIE SEVERISCHE BASILIKA IN LEPTIS MAGNA. LINKS UND RECHTS DER APSIS STEHEN DIE PILASTERSÄULEN, AUF DENEN DIE HELDENTATEN DES HERKULES DARGESTELLT SIND.

trampelten hintereinander im Kreis über das Getreide, ein einzelnes Kamel lief im Innern des Kreises in der Gegenrichtung, damit kein „toter Punkt" entstand, an dem die Ähren unversehrt blieben. Manchmal gab es jahrelang keinen Regen, dann mussten die Menschen in ihren einfachen Steinhäusern und Höhlen von den Vorräten leben – oder verhungern. Bis heute tradieren die Berber die Mythen der Hungerperioden. Zum Beispiel jenen Mythos, dass ihre Vorfahren im 17. Jahrhundert, sofern sie monatelang keinen Weideplatz für ihr Vieh fanden, ihr eigenes Grab aushoben, um darin auf den Tod zu warten. Die feindliche Natur steigerte den Wert des hart erwirtschafteten Korns und Olivenöls. Um ihre Vorräte zu schützen, bauten die Berber kreisrunde oder an Steilhängen gelegene Speicherburgen, in die sie sich mitsamt ihren Tieren zurückzogen, sobald Feinde nahten.

OBEN: ANTIKE UNTERHALTUNG DIREKT AM MEER: BLICK IN DAS THEATER VON LEPTIS MAGNA. RECHTS: TRIUMPHBOGEN DES SEPTIMIUS SEVERUS.

Wer von seiner Umwelt derart auf die Probe gestellt wird, entwickelt natürlich eine ganz eigene Lebensart, und so darf es nicht verwundern, dass die Berber Tripolitaniens bis heute fremden Einflüssen misstrauisch gegenüberstehen und am liebsten unter sich bleiben. Das Fremde beginnt für sie schon 100 Kilometer weiter, an der Küste, die von arabischstämmigen Libyern dominiert wird. Obgleich sie selbst mittlerweile stark arabisiert sind, betonen die Berber doch ihre eigene Kultur, sprechen untereinander ihre Sprache *Tamaasight* und grenzen sich von den „Zugezogenen" ab. Nur unter Schmerzen würde ein Vater seine Tochter einem arabischstämmigen Libyer zur Ehefrau geben. Doch die Abschottung nach außen hält die Berber auf dem Dschabal Nafuusa nicht davon ab, besonders großzügige Gastgeber zu sein. Es heißt, wer einen *Dschabali*, also einen Bewohner der Bergregion, kennt, der kennt alle *Dschabalis*. Das bedeutet beispielsweise, dass man als Reisender an die Tür einer Familie klopft, weil man deren Sohn kennt. Obwohl dieser gerade nicht zu Hause ist, wird man nicht nur herzlich aufgenommen und – wenn nötig tagelang – bewirtet, sondern bekommt bei der Weiterreise auch noch den Namen einer anderen Familie im nächsten Ort genannt. Dort kann man dann wiederum unterschlüpfen, wird wieder bewirtet und bekommt wieder einen Namen. Und so könnte man monatelang weiterreisen, ohne auch nur einen Dinar zu bezahlen oder eine Nacht im Freien verbringen zu müssen. Die Berber wenden diese Methode bis heute an, wenn sie sich auf Reisen begeben. Niemals würden sie ein Hotel aufsuchen, nicht einmal in einer Großstadt. Da sich jeder zugleich als Gastgeber und als Gast betätigt, funktioniert dieses uralte „Sozialsystem" reibungslos (s. *Vom Kameltreiber zum Millionär und wieder zurück,* Seite 88).

Das eherne Gebot der Gastfreundschaft gilt auch im äußersten Südwesten Tripolitaniens, wo die berberische Kultur stark von den Tuaareg geprägt ist. Hier, rund 600 Kilometer von Tripolis, aber nur sieben Kilometer von der tunesischen und 14 Kilometer von der algerischen Grenze entfernt, versteckt sich einer der schönsten Kulturschätze Nordafrikas: die Oasenstadt Ghadaames – Perle der Sahara, Quell der Fruchtbarkeit in der Wüste. Ehemals stolze Herrscherin über die Karawanenrouten des Transsaharahandels, in Lehm gemauerte Schönheit inmitten des Reichtums, den eine jahrtausendealte Oase hervorbringt. „Den Tuaareg erschien Ghadaames als das Paradies", sagt der Berber Hischam Gaga, der hier aufgewachsen ist. Heute ist das Paradies verlassen. Im Rahmen eines Modernisierungsprogramms zwang die libysche Regierung im Jahr 1983 die rund 10 000 sesshaft gewordenen Tuaareg, in Betonhäuser umzusiedeln und vernichtete so quasi über Nacht eine jahrtausendealte Stadtkultur. Die Menschen bekamen zwar Strom und Sanitäranlagen, büßten aber ihre traditionelle Lebensweise ein. Weil jedoch die Altstadt genau zwischen den modernen Häusern und den immer noch bewirtschafte-

OBEN: ANTIKE SZENEN: DARSTELLUNG DER HELDENTATEN DES HERKULES IN LEPTIS MAGNA.

RECHTS: NACHMITTAGSSTIMMUNG IN DER SEVERISCHEN BASILIKA. KAISER JUSTINIAN LIESS DAS EHEMALS PROFANE GEBÄUDE IN EINE CHRISTLICHE KATHEDRALE UMBAUEN.

VORHERIGE DOPPELSEITE: SPEICHERBURG DER BERBER IN NALUUT AUF DEM DSCHABAL NAFUUSA IM SÜDEN TRIPOLITANIENS. IN DEN RUNDEN, WEHRBURGEN ÄHNELNDEN MAGAZINEN WURDEN GETREIDE UND OLIVENÖL AUFBEWAHRT. NAHTEN FEINDE, KONNTE DIE BEVÖLKERUNG HIER SCHUTZ SUCHEN.

ten Oasengärten liegt, durchqueren manche Einwohner noch heute täglich die engen, überdachten Gassen, die einem riesigen Tunnelsystem gleichen. Nur einzelne Licht- und Luftschächte durchbrechen die weißen Gewölbegänge zwischen den über 1200 verschachtelten Häusern. Diese labyrinthartige Bauweise hatte drei Gründe: Erstens schützte sie vor den *Gibli*-Sandstürmen im Frühjahr, zweitens glich sie die extremen Temperaturschwankungen zwischen 55 °C im Sommer und bis zu –8 °C im Winter aus, und drittens diente sie als Schutz vor Angreifern. „Die Frauen hielten sich meist auf den Dächern auf, wo sie den Blicken der Männer entzogen waren. Nahten Feinde, sahen die Frauen sie als erste. Sie sangen eine bestimmte Melodie und warnten so ihre Männer, die in den Oasengärten arbeiteten", erzählt Hischam. „Dann deckten sie die Lichtschächte mit Palmmatten ab, sodass die ganze Stadt im Stockdunkeln lag und die Angreifer wie Blinde umhertappten."

Angriffe auf Ghadaames waren keine Seltenheit, denn die Stadt erfreute sich eines stattlichen Reichtums. Anfang des 9. Jahrhunderts n. Chr. liefen hier fünf Karawanenrouten zusammen, auf dem Markt wurden jährlich an die 30 000 Kamele verkauft. Ghadaames stieg zum wichtigsten Handelsumschlagplatz zwischen der Mittelmeerinsel Dscherba im heutigen Tunesien und der Stadt Gao am Niger auf; später kamen Verbindungen nach Kairo, Tripolis, Kairouan und Timbuktu hinzu. Neben Edelmetallen und schwarzen Sklaven war Salz aus der Saline von Amadror im Tschad eines der begehrtesten Handelsgüter und wurde zeitweise teurer gehandelt als Gold. Zwischen den Sesshaften und

VOM KAMELTREIBER ZUM MILLIONÄR UND WIEDER ZURÜCK

Männer wie Ahmad Bittia trifft man zufällig. Auf dem Weg nach Dschadu auf dem Dschabal Nafuusa in Süd-Tripolitanien hat man nur zwei-, dreimal angehalten, um einen Schluck aus den Wasserkanistern zu nehmen, die wohlhabende Libyer an den Straßenrändern aufstellen lassen. Um Gutes zu tun nämlich. Die Sonne versinkt bereits hinter den Bergen, als man nach langer Fahrt in Dschadu ankommt und nun dringend ein Nachtlager braucht. Plötzlich steht er dort, der Ahmad Bittia, und bittet in sein gemütliches Wohnzimmer. Als sei es das Selbstverständlichste der Welt – und für ihn ist es das – öffnet er den Fremden sein Haus, lässt seinen Sohn Schalen voll Kekse und Obst anschleppen, tischt Fruchtsäfte und Kaffee auf. Währenddessen kocht seine Frau eine große Portion des Berber-Gerichts *Ftaat* aus frisch gebackenem Brot, Tomatensoße, Lammfleisch und Eiern. Der Abend verfliegt wie im Traum, während immer neue Gaumenfreuden aufgetragen werden und der 75-jährige Ahmad stundenlang aus seinem Leben erzählt: Wie er mitten auf der Schafweide in eine arme Nomadenfamilie hineingeboren wurde. Wie er als Kind bei über 40 °C Hitze Weizen dreschen musste, damit das Mehl auch wirklich staubtrocken war. Wie seine Familie hungerte, wenn der Regen einige Jahre ausblieb. Wie die Türken einst die Speicherburgen beschossen, weil die Dorfbewohner ihre Steuern nicht zahlen konnten, und wie das unter größten Mühen hergestellte Olivenöl aus den zerschossenen Kübeln fünf Kilometer weit zu Tale floss. Wie er als junger Mann eine kranke Kamelstute durch die Wüste trug. Wie er, der als Schafhirte und Karawanenführer

begonnen hatte, in den Polizeidienst eintreten und die britische Botschaft in Tripolis bewachen durfte, aber wegen einer heimlich gerauchten Zigarette gefeuert wurde. Wie er dann von amerikanischen Soldaten einen alten Lastwagen erstand und ein Transportunternehmen aufzog. Wie er mit dem so verdienten Geld ein Bauunternehmen gründete, Schulen und Lagerhäuser baute, reich wurde, aber durch die Grüne Revolution 1969 all sein Hab und Gut verlor. Wie er wieder ganz von vorne, nämlich mit Kamelen, anfing und sich Stück für Stück erneut hocharbeitete. Wie er seine ersten beiden Frauen verstieß, weil er mit ihnen keine Kinder bekam, und wie er für sich und seine beiden folgenden Frauen ein 1700 Quadratmeter großes Haus baute. Wie er dem Herrn Gaddafi, der auf dem Felsen gegenüber eine Villa besitzt, eine Flasche seiner Kamelmilch brachte, weil dem Revolutionsführer danach gelüstete. Und wie Herr Gaddafi ihm dann, begeistert von der Qualität der Milch, einen Rat mit auf den Weg gab: „Mach weiter mit deinen Kamelen! Mit Kamelen kann man nichts falsch machen!" Also sprach der Revolutionsführer. Ahmad Bittia hat dann aber doch noch mehr auf die Beine gestellt als nur seine Kamele und kann sich nun zufrieden in die Kissen seines Wohnzimmers zurücklehnen. „Mein Leben war früher sehr hart, winters wie sommers. Heute geht es mir besser, Gott sei Dank. Ich bin alt und kann nun alles in die Hände meines Sohnes Chalid legen." Und unerwarteten Besuchern aus seinem Leben erzählen. Man könnte ihm tagelang zuhören.

HÄUSER WIE TRUTZBURGEN: DIE BERBER ERRICHTETEN IHRE DÖRFER HÄUFIG AUF UNZUGÄNGLICHEN FELSVORSPRÜNGEN, UM SICHER VOR ANGREIFERN ZU SEIN. IM HINTERGRUND ERSTRECKT SICH DIE EBENE BIS ZUM MEER.

ANSICHTEN AUS GHADAAMES, DER OASENSTADT IM ÄUSSERSTEN SÜDWESTEN TRIPOLITANIENS.
UNTEN: BEI DEN TUAAREG TRAGEN DIE MÄNNER EINEN GESICHTSSCHLEIER, DEN TUGULMUST.
GANZ UNTEN: DIE ALTSTADT IST WEITGEHEND VERLASSEN, ABER EINIGE HÄUSER WERDEN RENOVIERT.
RECHTS: EINE STADT WIE EIN LABYRINTH: DIE GASSEN GLEICHEN TUNNELSYSTEMEN. SO SCHÜTZTEN SICH DIE BEWOHNER VOR DER WÜSTENSONNE UND VOR FEINDEN.

den Nomaden bestand eine zwar von Animositäten getrübte, aber effektive Arbeitsteilung, die das florierende Leben in der Oase erst ermöglichte: Händler und Transporteure arbeiteten Hand in Hand. Das wichtigste Anbauprodukt war die Dattel, aus der die Menschen nicht nur Paste und Saft herstellten, sondern, vermischt mit Granatapfelsaft und Gewürzen, auch Parfum. Sogar als Zahlungsmittel wurden Datteln eingesetzt. Im klassischen „Stufenanbau" der Oasengärten gediehen im Schatten der Palmwedel nicht nur Tomaten, Okra, Auberginen und Zucchini, sondern auch Melonen, Mandeln und Zitronen. Mitten in der Wüste musste diese Stadt den Menschen also wahrlich wie das Paradies erschienen sein. Dessen Geheimnis war das Wasser eines artesischen Brunnens, das mithilfe eines vier Kilometer langen Kanalsystems und einer sekundengenauen Wasseruhr auf die acht Hektar großen Oasengärten verteilt wurde: Jede Familie hatte ein minuziös festgelegtes Wasserrecht.

Doch nicht nur das Wasser und die Gärten, auch die Stadt war zentimetergenau unter ihren Bewohnern aufgeteilt. „Wir waren zwei Berberstämme, die Banu Wasiid im Süden und die Banu Waliid im Norden", berichtet Hischam, „und diese waren wiederum in sieben Sippen untergliedert, die jeweils ein Stadtviertel bewohnten. Von den Versammlungsplätzen, den öffentlichen Bädern und den Moscheen abgesehen, hatte man außerhalb seines eigenen Viertels nichts zu suchen. Das hat uns als Kinder aber nicht abgehalten, in fremden Gassen herumzustromern und dort ..." – „Al-lerdings! Einen mordsmäßigen Radau habt ihr Lausbuben gemacht, besonders gern vor meiner Haustür! Wenn ich einen von euch zu fassen bekam, konnte er was erleben. Aber du bist immer rechtzeitig ausgebüxt!" – Überrascht schaut man sich um: Plötzlich ist ein zahnloser Greis aus dem Dunkel einer Seitengasse aufgetaucht und fixiert Hischam mit stechenden Äuglein. Dann zucken die Mundwinkel des Männleins und geben ein meckerndes Lachen frei, das in der Gasse widerhallt: „Hähähä! Jetzt habe ich euch schön erschreckt, wie? Das war späte Rache! Komm, lass dich umarmen, Kleiner!" Erleichtert beugt

Hischam das Knie, um sich von dem Alten an dessen ausgemergelte Brust drücken zu lassen. „Du bist doch sicher schon hundert Jahre alt, Onkel Ahmad!" – „Hundertundzwei, mein Kleiner, hundertundzwei!"

So ist das in Ghadaames. Die Altstadt mag verlassen sein, aufgegeben ist sie nicht. Hochzeiten und andere Feste werden hier noch immer gefeiert, die Moscheen werden noch genutzt, und wer durch die dunklen Gassen streift, macht so manche unverhoffte Begegnung. Und hört so manche schöne Geschichte. „Wisst ihr, wie Ghadaames zu seinem Namen kam?", fragt der Greis auf seinen Stock gestützt. „Eines Tages vor langer Zeit rasteten hier einige Tuaareg. Als sie weitergezogen waren, bemerkten sie, dass sie ihr Kochgeschirr vergessen hatten. Einer von ihnen erinnerte sich: Die Töpfe, so sagte er auf Arabisch zu seinen Begleitern, lägen noch am Ort des *Ghadaa Ams*, des gestrigen Mittagessens. So entstand der Name Ghadaames!" Natürlich ist diese Überlieferung eine Legende. Ghadaames, das bereits vom griechischen Historiker Herodot erwähnt wurde, war schon lange vor Ankunft der Araber besiedelt. Aber wenn ein Mann wie Onkel Ahmad sie erzählt, ist so eine hübsche Geschichte natürlich wahr ...

GHADAAMES

RECHTS: AN DER PERIPHERIE DER ALTSTADT SIND DIE GASSEN NICHT ÜBERDACHT. NOCH HEUTE VERBRINGEN MANCHE BEWOHNER DER BENACHBARTEN NEUSTADT HIER IHRE MITTAGSPAUSEN. IM HINTERGRUND DAS MINARETT EINER MOSCHEE.

HALLELUJA FÜR JEDE KONFESSION

Freitagnachmittag im Zentrum von Tripolis: Wer die katholische Franziskus-Kirche nahe des Grünen Platzes betritt, taucht in afrikanische Kultur ein. Lautes Trommeln und rhythmische Gesänge hallen durch die Räume, dann tut sich eine Tür auf – und man steht mitten drin in einem Gottesdienst nigerianischer Christen. Männer im feinen Anzug und Frauen in kunterbunten Gewändern klatschen, singen und wiegen sich in religiöse Ekstase. Immer wieder bricht das Gotteslob aus ihnen heraus: Halleluja! Vor dem schlichten Altar tänzelt ein wortgewaltiger Vorbeter und spornt die Menge über ein Mikrofon an: Halleluja! „I am the winner!", singen sie. „Ich bin der Sieger" – der Glaube an das Jenseits als Motivation für das irdische Leben. Die inbrünstigen Gebete und Lieder wechseln nahtlos vom Englischen ins nigerianische Ibo und zurück. Konfessionen spielen keine große Rolle, ob Katholik oder Protestant, hier kann jeder mitmachen. Halleluja!

Sankt Franziskus ist eine von nur sechs Kirchen in Tripolis. Oder sollte man sagen von immerhin sechs? Denn Christen sind in Libyen eine verschwindend kleine Minderheit, zumindest offiziell. Nahezu die gesamte einheimische Bevölkerung bekennt sich zum Islam, nur unter den philippinischen und koreanischen Gastarbeitern sowie den europäischen Angestellten der großen Ölfirmen finden sich Christen. Doch in den vergangenen Jahren hat sich das Bild gewandelt. Durch die Masseneinwanderung von Arbeitssuchenden aus Mittel- und Westafrika sind auch Tausende von Nichtmuslimen nach Libyen geströmt.

„Heute leben bis zu 70 000 Christen in Libyen", sagt Pater Daniel Farrugiad und nennt damit eine zurückhaltende Schätzung. Der Malteser lebt seit den siebziger Jahren hier und hat den ideologischen Wandel des Regimes mitverfolgt. „Früher hatten es Christen schwer, aber mittlerweile ist vieles einfacher geworden. Seit den Anschlägen vom 11. September 2001 versucht die Führung sehr deutlich zu zeigen, dass der libysche Islam nicht extremistisch ist." Das hat Auswirkungen auf den Umgang mit anderen Religionen. Der Priester hat beobachtet, dass die Bereitschaft zum Dialog bei Behörden und islamischen Imamen gewachsen ist. „Wir können jetzt freier arbeiten. Aber Mission ist natürlich weiterhin tabu", erzählt der 54-Jährige bei einem Glas Tee in seiner Amtsstube. Er empfindet es als Privileg, in Libyen arbeiten zu dürfen. Die Messen in der Kirche werden in über zehn Sprachen gehalten, von Italienisch über Polnisch bis Arabisch. „Manchmal fühle ich mich hier wie auf den Philippinen, und im nächsten Augenblick wie in Nigeria", sagt Pater Daniel mit einem Augenzwinkern. Und dann verrät er noch rasch, wie er im strikt abstinenten Libyen den Rotwein fürs Abendmahl organisiert: „Ach, da hilft die Botschaft, und die Behörden drücken schon mal ein Auge zu." Halleluja!

EINE TYPISCH UNTYPISCHE LIBYSCHE FAMILIE – DIE HOWIDIS

Die Howidis aus al-Adschilaat im äußersten Nordwesten Tripolitaniens sind einerseits eine typische libysche Mittelstands-Familie: Sieben Kinder, ein 700 Quadratmeter großes Haus und ein enger Zusammenhalt der Sippe. Andererseits sind die Howidis außergewöhnlich. Vater Omar hat schon viele Berufe hinter sich und ist stets bereit, seine Tätigkeiten den wirtschaftlichen Erfordernissen anzupassen. In den siebziger Jahren hat er bei der deutschen Marine eine Ausbildung zum Kapitän gemacht, doch nach Jahren auf See wuchs sein Heimweh so stark, dass er zum Rechtsanwalt umschulte und fortan als Verteidiger in Strafprozessen auftrat. Dann erkannte er die Zeichen der Zeit und sattelte auf den rasch wachsenden Fremdenverkehr um. Heute ist der 48-Jährige ein exzellenter Reiseleiter. „Der Tourismus ist wirklich ein Zukunftsmarkt in Libyen", sagt Omar. Die Gäste aus Deutschland, Österreich und der Schweiz mögen ihn nicht nur deshalb so gerne, weil er fast akzentfrei Deutsch spricht, sondern auch, weil er eine Schwäche für Witze hat. Und weil er auf Kommando über ein Dutzend Marianne-Rosenberg-Hits trällern kann. Auf Wüstentouren gibt er gern einige davon zum Besten. Dann schallen Gassenhauer wie „Komm unter meine Decke" oder „Es war Mitternacht in der Taverne" über die Dünen.

Auch Mutter Sainab, die sich um die Kinder und den Haushalt kümmert, hat eine Ader für Humor. Manchmal kommt ihr das Haus viel zu riesig vor und sie klagt ihrem Mann, dass sie all die Zimmer nicht sauber halten könne. Dann guckt Omar sie mit einem schelmischen Grinsen an und entgegnet: „Hm. Vielleicht sollte ich mir eine andere Frau suchen ..." – „Ach weißt du, genau besehen ist das Haus viel zu klein", kontert Sainab dann und schickt den Befehl hinterher, Omar solle endlich mal den Vorgarten aufräumen. Zwischen all dem Unrat finde er dort bestimmt einen Besen, den könne er dann gleich mit ins Haus bringen und ausprobieren, ob er noch funktioniere.

Abends nach der Arbeit fährt Omar gern ins Heilbad von al-Adschilaat und aalt sich in dem über 40 °C heißen Mineralwasser. Auf der Suche nach Öl hatten die Italiener die Quelle bereits im Jahr 1923 entdeckt, Gaddafi ließ 50 Jahre später zum Wohl des Volkes das Badehaus errichten. Aus ganz Libyen und Tunesien, ja sogar aus Ägypten kommen die Menschen, um hier zu baden und ihre Knochen- und Hautkrankheiten zu kurieren. Gemütlich hockt man in dem dunklen Wasser und tauscht sich über die Dinge des Lebens aus. Dabei gilt wie überall in Libyen das Senioritätsprinzip:

VERBUND FÜRS LEBEN: DIE HOWIDIS AUS AL-ADSCHILAAT. FAMILIENOBERHAUPT OMAR (MITTE) TRÄLLERT GERN MAL EIN DEUTSCHES VOLKSLIED.
RECHTS: BELGASSEM BUQLA, DER WÄCHTER DER GURGI-MOSCHEE IN DER ALTSTADT VON TRIPOLIS, HEISST FREMDE WILLKOMMEN.

WIE IN DEN MEISTEN ARABISCHEN STAATEN IST AUCH IN LIBYEN KINDERREICHTUM TRADITIONELL EINE SELBSTVERSTÄNDLICHKEIT. ETWA DIE HÄLFTE DER BEVÖLKERUNG IST JÜNGER ALS 16 JAHRE. DA LIBYEN SICH JEDOCH WEGEN SEINER KLEINEN BEVÖLKERUNGSZAHL GEGENÜBER NACHBARLÄNDERN WIE ÄGYPTEN UND ALGERIEN UNTERLEGEN FÜHLT, WERDEN FAMILIEN UND FRAUEN ZUDEM BESONDERS GEFÖRDERT.

Der Älteste redet so lange es ihm behagt, die Jüngeren lauschen. Maßlose Übertreibungen beim Schildern prägnanter Vorkommnisse gelten nicht als anrüchig, sondern als willkommene Ausschmückung, die einer Geschichte erst das nötige Leben einhaucht. So kommt es, dass ein Kamel gut und gerne mal fünf, ach was, sechs Meter groß sein kann, oder dass ein Greis die 185 Kilometer lange Strecke von Suwaara bis Naluut zu Fuß zurückgelegt hat. An einem Tag, versteht sich. Die Zuhörer staunen und subtrahieren im Geiste ein paar Kilometerchen. „Sonst sind Geschichten doch viel langweiliger", sagt Omar.

Die drei Söhne und vier Töchter von Omar und Sainab sind zwar etwas stiller als ihr Vater, aber sehr selbstbewusst.

RECHTS: AUCH DIE ÄLTEREN TUBBU-FRAUEN SIND FÜR IHRE SCHÖNHEIT BERÜHMT.

Der 23-jährige Ihab und der 19-jährige Amir lernen auf der Fachhochschule den Ingenieurs-Beruf und verbringen nur wenig Zeit zu Hause. Der 21-jährige Ahmad arbeitet bei einer Ölfirma und interessiert sich zurzeit sehr für das andere Geschlecht. Die 20-jährige Medizinstudentin Ahlam hingegen denkt an alles, nur nicht ans Heiraten. Die 17-jährige Inas macht gerade Abitur, die beiden bildhübschen Mädchen Aya (14) und Ala (12) gehen noch zur Schule. Als zweitjüngste ist die introvertierte Aya die stille Seele des Hauses. Dieses Haus ist „klassisch" arabisch eingerichtet: Neben einem riesigen, mit Teppichen ausgelegten, aber bis auf die obligatorischen Sitzkissen an den Seiten weitgehend leeren Wohnzimmer für die Männer im Erdgeschoß gibt es ein ebenso riesiges und ebenso leeres Wohnzimmer für die Frauen. Dahinter geht es in die Küche. Im oberen Stockwerk liegen die Schlafzimmer der Familie, die Gästen verschlossen bleiben. Rund um das Haus der Howidis wohnen Omars drei Brüder mit ihren Familien. Zwar ist Omar nur der zweitälteste Bruder, doch gibt er wegen seiner eloquenten Ader, seiner guten Ausbildung und seiner vielen Kontakte im ganzen Land den Familienvorstand. Seine fünf Schwestern sind in der weiteren Gegend verheiratet.

Der enge Familienverbund ist in Libyen besonders stark ausgeprägt. So auch bei den Howidis. „Zwar geht jeder in der Familie seiner eigenen Wege; wann man isst, ob man ein Auto kauft oder auf Reisen geht, bleibt jedem selbst überlassen. Wenn aber jemand erkrankt oder wenn ein Fest gefeiert wird, rücken wir sofort zusammen und helfen einander", erzählt Omar. Wichtige Entscheidungen wie die Organisation von Hochzeiten werden im Umfeld der Howidis im Konsens gefällt. „Hier in Nordlibyen hat es sich mittlerweile eingebürgert, dass die Töchter ihre künftigen Ehemänner mit aussuchen. Druck durch die Väter gibt es selten, eher Hilfestellungen durch die Mütter, die Kontakte zu anderen Familien arrangieren." Im Süden Libyens dagegen sehen sich viele Brautpaare bei der Hochzeit zum ersten Mal.

Ach ja, und dann gibt es natürlich noch Nadschi, Omars Schwager! Nadschi ist zwar von Geburt an blind, aber ein Lebenskünstler. In seinen jungen Jahren hat er nicht nur die Türkei, Italien und Spanien besucht, sondern ist gerne auch mal mit einem Traktor von einem Dorf ins andere getuckert. Seine Tochter auf dem Beifahrersitz „lieh" ihm dabei ihre Augen. Im Erzählen von Anekdoten ist Nadschi ebenso gut wie Omar. Während er es sich in den Wohnzimmerkissen bequem macht, berichtet er von einer seiner Heldentaten: „Wollt ihr wissen, wie ich einmal einem Polizisten einen schönen Streich gespielt habe? Das kam so: Im Jahr 1965 bin ich mit einem Freund zu zweit auf einem Fahrrad über den Märtyrerplatz – also den heutigen Grünen Platz – in Tripolis geradelt. Ich trat die Pedale, mein Freund lenkte. Da hielt uns ein Polizist an und verlangte ein Bußgeld, weil es nämlich verboten sei, zu zweit auf einem Rad zu fahren. Weil wir kein Geld dabei hatten, schickte der Polizist meinen Freund nach Hause, um welches zu holen. Aber bevor er ging, flüsterte ich ihm heimlich zu, dass er nicht mehr zurückkommen solle. Also warteten der Polizist und ich vergeblich auf meinen Freund und auf das Geld. Und warteten. Und warteten. Nach einer Stunde hatte der Polizist die Nase voll und wollte gehen. Da protestierte ich: ‚Aber wie soll ich denn jetzt nach Hause kommen? Ich bin doch blind!' Also musste er mir ein Taxi spendieren. Da hat er ganz schön geflucht, der Polizist." Noch heute kann die ganze Familie Howidi über Nadschis Streich lachen.

SZENE AUF EINEM STRASSENMARKT: EINE MUTTER KAUFT MEDIKAMENTE.

ZU BESUCH BEIM LIBYSCHEN ROBINSON CRUSOE

Das Reich von Fa'is Abdalasis al-Maqali ist zwölf Kilometer lang und knapp einen Kilometer breit. „Die Insel Farwa ist der Garten Gottes – und ich lebe mittendrin", sagt der schlanke 30-Jährige mit einem Grinsen unter seinem grünen Sonnenhut. Streng genommen ist der flache Sandstreifen im Meer an der Grenze zu Tunesien nur eine Halbinsel, aber das spielt keine Rolle. Seit acht Jahren verbringt Fa'is jedes Jahr drei Monate auf diesem einsamen Flecken. Mutterseelenallein, umgeben nur von Sanddünen, dem Meeresrauschen und zwei Hunden. Vor seinen drei windschiefen Palmhütten hat er den angeschwemmten Müll aus den Städten am Festland weggeräumt und neben einer Feuerstelle für die tägliche Fischbraterei auch einen kleinen Betplatz markiert. „Ich mag Städte nicht, also echt", sagt der libysche Robinson Crusoe, „all die Menschen dort, das ist nichts für mich." Lieber passt er ehrenamtlich auf die Halbinsel auf, mit der die libysche Regierung einst große Pläne hatte. Damit europäische Touristinnen nach ihren Wüstentouren einen Strandurlaub anhängen können, ohne die Verschleierungssitte zu verletzen, gedachte sie an dem abgelegenen Ort einen Hotelkomplex zu errichten. Dafür zahlte sie einen dicken Batzen Geld an ein Bauunternehmen. Einige Jahre später war der dicke Batzen weg, aber die Bauarbeiten hatten noch nicht einmal begonnen. Anfang 2005 schloss die Regierung dann mit einem Mailänder Investor ein Abkommen über den Bau einer 200 Millionen Euro teuren Ferienanlage für 3800 Urlauber. Doch wenn man einheimische Geschäftsleute nach dem Projekt fragt, erntet man nur skeptische Blicke.

Den libyschen Robinson Crusoe ficht das nicht im Geringsten an. Sowieso mag er Leute nicht, die sich nur über Geld definieren. „Weißt du, da kommt irgendwer auf irgendeine Weise an einen Haufen Bares, und plötzlich benimmt er sich wie ein Pfau. Bah, also echt!", spottet er und bietet seinen Besuchern ein alkoholfreies Bierchen an. „Auf die Einsamkeit!"

Aber wird die Einsamkeit nicht irgendwann zur Qual? „Na ja, wenn mir langweilig wird, mache ich einen Strandspaziergang: zwölf Kilometer runter, zwölf Kilometer rauf", sagt Fa'is. Oder er schmaucht sein Wasserpfeifchen, das er aus einem Einmachglas und einem Bambusrohr gebastelt hat. „Und wenn doch mal jemand vorbeikommt, freue ich mich natürlich." Aber ewig will er so nun doch nicht leben. „Irgendwann möchte ich nach Malta, mein Bruder Salim ist dort nämlich Profi-Basketballer. Dann suche ich mir eine Frau und heirate. Ich habe dafür sogar schon vier Jahre Französisch gelernt!" Französisch? Für Malta? „Ach, egal, ich hab mir eh kein Wort gemerkt. Warum muss das auch so schwer sein, also echt?"

Vielleicht muss der libysche Robinson Crusoe ja gar nicht auswandern, und vielleicht braucht er auch gar keine Fremdsprachen, um irgendwann die Frau fürs Leben zu finden. Möglicherweise liegt das Glück viel näher. Er stammt nämlich aus dem Berber-Ort Suwaara westlich von Tripolis. Es heißt, dort lebten die schönsten Mädchen Libyens. „Mal sehen, also echt", sagt Fa'is.

Fesaan

DAS HERZ DER TRADITION

Zwischen Sandmeeren und Geisterbergen pflegen die Menschen im Südwesten Libyens die Sitten ihrer nomadischen Vorfahren. Jahrhundertealte Karawanenrouten verbinden die Oasenstädte bis heute mit Zentralafrika.

فزّان

Die „Mutter allen Wassers" liegt inmitten grenzenloser Ödnis. Goldenes Abendlicht taucht den dunkelblauen Umm al-Maa' in unwirklichen Zauber, ein leiser Wind spielt im tiefgrünen Schilfgras am Ufer. An den Palmen funkeln rotbraune Datteln, rund um die lang gezogene Verheißung der Fruchtbarkeit aber lagern die trügerisch sanften, lebensfeindlichen Dünen. Wer es nicht mit eigenen Augen gesehen hat, kann dieses Wunder nicht begreifen, heißt es. Wie könnte man auch? Das muss man selbst erlebt haben: Zwei, drei Stunden lang in einem Geländewagen über das Sandmeer kurven, hoch die Düne, runter die Düne, die Orientierung kurzzeitig verlieren, wenn die Sonne im Zenit steht, weil das Auge die eintönigen Geländestrukturen nicht mehr unterscheiden kann, den Wagen bei über 40 °C Hitze anschieben, wenn er im Treibsand oder im *Feschfaasch*, einer mehlfeinen Mergel-Ton-Schicht, stecken bleibt, erleichtert aufatmen, wenn die Sonne sinkt und der Sand sich mit der Kühle des Abends wieder schließt, wie es die Tuaareg ausdrücken. Schließlich mit Schwung auf eine besonders hohe Düne hinaufpreschen und dann – dann liegt er dort wie ein Spiegelbild des Gartens Eden inmitten des Sandes: ein palmengesäumter See.

Die Mandara-Seen im Sandmeer des *Idhaan Ubaari* zählen zu den schönsten Naturschätzen Libyens und krönen den Fesaan, die südwestliche Region des Landes, die allein anderthalbmal so groß wie Deutschland ist. Wie viele es sind, ob zehn oder 15, weiß man bis heute nicht genau, einige der kleineren Seen trocknen zeitweise aus, füllen sich dann aber wieder wie von Geisterhand getränkt. Vermutlich spielt das Schwanken des Grundwasserspiegels dabei eine Rolle, doch vollständig erklärbar ist das Wunder des offenen Wassers im ewigen Sand bis heute nicht. Es ist wohl ein Überrest jenes riesigen Gewässers, das vor rund 400 000 und dann noch mal vor 200 000 Jahren das heutige Saharabecken ausfüllte. Wahrscheinlich speisen sich die Seen, die der Forschungsreisende Edward Vogel im Winter 1852/53 als erster Europäer zu Gesicht bekam, durch artesischen Druck aus zwei übrig gebliebenen unterirdischen Wasservorkommen. Doch warum versanden sie nicht, warum werden sie nicht einmal im Frühling, wenn der Saharawind *Gibli* wirbelt, unter Wanderdünen begraben? Sicher, das dicht stehende Schilf am Ufer mag als Schutz dienen, doch wer den feinen Sand der Sahara kennt, weiß, dass dieser vor nichts und niemandem Halt macht. Eine Theorie besagt, dass zwar stetig Sand in die Seen rieselt, dass an deren Grund aber regelmäßig Hohlräume einbrechen und die Gewässer wieder vertiefen.

Abdul Abidin Ibrahim hat eine andere Erklärung. „Der Sand respektiert das Grab von 'Uun", sagt der Silberhändler, der am Rande des Qabruun-Sees mutterseelenallein in einer Hütte lebt und Schmuck an Reisende und libysche Jugendliche verkauft, die gelegentlich auf Pick-ups hierher kommen,

SEITE 104: FREUNDE FÜRS LEBEN: AUF DEM KAMELMARKT IN SABHA.

VORHERIGE DOPPELSEITE: EIN LAND ZWISCHEN WASSER UND WÜSTE: DER QABRUUN-SEE IN DEN DÜNEN DES SANDMEERES IDHAAN UBAARI. DA DAS WASSER EINEN HOHEN SALZGEHALT HAT, ERLEBEN SCHWIMMER EINEN „AUFTRIEB-EFFEKT" ÄHNLICH DEM IM TOTEN MEER. NUR KLEINE SALINENKREBSE KÖNNEN IN DEM WASSER ÜBERLEBEN.

OBEN UND RECHTS: REISEN IM FESAAN VERLANGT ORIENTIERUNGSVERMÖGEN UND FAHRGESCHICK; SCHATTEN FÜR EINE PAUSE IST RAR.

um eine Nacht unter Sternen zu verbringen. Dieser größte der Seen soll einst von 'Uun entdeckt worden sein, einem Lokalheiligen, dessen Grab am Rande einer gewaltigen, 80 Meter hohen Düne direkt am Ufer verehrt wird: *Qabruun* heißt nichts anderes als „Grab des 'Uun". Die Nachkommen der seit Jahrhunderten hier lebenden Menschen wurden Anfang der neunziger Jahre im Rahmen eines Zwangsmodernisierungsprogramms der Regierung ins südlich gelegene *Waadi al-Hayaa* umgesiedelt. Doch noch immer kehren einige der Frauen zwischen Dezember und März zurück, um in dem Gewässer winzige wurmförmige Salinenkrebse zu fischen. Die Paste, die die als *Du'aada*, „Wurmfresser", verhöhnten Leute daraus stampften, wurde einst bis weit nach Zentralafrika hinein und bis hinauf an die Mittelmeerküste als sündhaft teures Aphrodisiakum gehandelt. Die Krebse sind die einzigen Lebewesen, die in dem extremer Verdunstung ausgesetzten Salzwasser überleben können. Gräbt man jedoch einige Meter neben dem Ufer im Sand, kommt in geringer Tiefe Trinkwasser zum Vorschein.

Wasser ist seit eh und je das wichtigste Element im Fesaan. Siedlungen und Karawanenstützpunkte konnten sich in diesem trockenen Abschnitt der Nordsahara, der von den beiden Sandmeeren *Idhaan Ubaari* und *Idhaan Mursuq* beherrscht und im Südwesten vom Akakus-Gebirge flankiert

LINKS OBEN: DIE MANDARA-SEEN KOMMEN UND GEHEN: EINES DER AUSGETROCKNETEN GEWÄSSER.
LINKS UNTEN: VERFALLENE WÜSTENMETROPOLE: DIE LEHMRUINEN DER GARAMANTEN-HAUPTSTADT GARAMA (HEUTE DSCHERMA) WESTLICH VON SABHA.

SAND SOWEIT DAS AUGE REICHT: DIE SANFT GESCHWUNGENEN DÜNEN DES IDHAAN UBAARI, DES „MEERES OHNE WASSER".

wird, nur rund um Oasen und Waadis entwickeln. Trotz der lebensfeindlichen Umstände weckte der Fesaan bereits in der Antike das Interesse von Karthagern, Römern und Byzantinern, in der Neuzeit sicherte sich die Kolonialmacht Italien die Region (1914–1943), später stand sie bis zur Errichtung des Königreichs Libyen 1951 unter französischer Verwaltung. Die Begehrlichkeiten der verschiedenen Mächte hatten ihren Grund vor allem in der Brückenfunktion des Fesaans zwischen dem Mittelmeer und Zentralafrika. Alle großen Karawanenrouten führten durch diese Gegend, wodurch die lebenswichtigen Oasenstädte oft umkämpft waren. Infolge dieser Auseinandersetzungen und durch den regen Handel entwickelte sich ein buntes Bevölkerungsgemisch, von dem noch heute die Physiognomien vieler Bewohner zeugen: Schwarzafrikaner, Berber, Araber und Kleinstvölker wie die Tubbu haben sich hier vermischt.

Eine Karawane konnte mehrere 1000 Kamele umfassen und riesige Distanzen zurücklegen. Gehandelt wurden neben Gold, Elfenbein, Salz, Stoffen und Waffen vor allem Sklaven. Erst als mit dem Beginn der Schifffahrt im 15. und 16. Jahrhundert der Warenaustausch an die Küste umgeleitet wurde, verfiel der Reichtum der großen Karawanenstädte wie Ghat und Mursuq im heutigen Libyen, Agades im Niger und Timbuktu in Mali. Dennoch erhielt sich ein weit verzweigter Sahara-Handel bis in die Kolonialzeit; im Niger und im Tschad gibt es bis heute Salzkarawanen. Deren Führer, meist Tuaareg, orientieren sich in der Wüste an kleinsten Auffälligkeiten wie besonders feinem Sand oder dem *Achab*, einer kurzlebigen Flora, die den Wüstenboden nach den seltenen Niederschlägen mit einem Pflanzenteppich überzieht. Nachts helfen ihnen die Sterne, vor allem das Sternbild Orion, das sie *Amanar* nennen, „großer Führer". Auch der Menschenhandel hat sich bis heute erhalten, obgleich unter anderen Vorzeichen: Die mit schwarzafrikanischen Gastarbeitern überfüllten Lastwagen holpern auf jahrhundertealten Routen aus dem Niger und dem Tschad nach Libyen (s. *Zukunft ohne Glück,* Seite 124). Östlich von Mursuq passieren manche von ihnen eine Straßenkreuzung, deren harmlose Tristesse verdeckt, dass dieser Ort eine grausige Vergangenheit hat. Hier soll sich einst der berüchtigte *Bir al-Mastuuta*, der „Brunnen der Gebeine", befunden haben, in den neben Tierkadavern auch die Körper jener Sklaven geworfen wurden, die auf der „Straße der Qualen" aus dem Inneren Afrikas an die Mittelmeerküste den Torturen der wochenlangen Märsche erlegen waren. Wenn von zehn Sklaven nur einer überlebte, hatte sich das Geschäft für die meist arabischen Menschenhändler schon gelohnt.

ANZIEHUNGSPUNKT FÜR KRANKE UND SCHÖNHEITSBEWUSSTE: RUND UM DEN BRUNNEN BIR AS-SACHN IM WESTEN DES FESAANS HERRSCHT REGELMÄSSIGER BETRIEB.

Über die vermutlich ältesten Herren des Fesaans aber ist bis heute nur wenig bekannt: die Garamanten. Dieses geheimnisvolle Volk, das als Vorfahr der Tuaareg gilt, soll im zweiten vorchristlichen Jahrtausend in die Sahara eingedrungen sein und wurde erstmals im 5. Jahrhundert v. Chr. von Herodot beschrieben. Der griechische Historiker erwähnte bewundernd die fortschrittliche Transporttechnik der Garamanten, die sich darauf verstünden, vierspännige Wagen zu lenken. Nachdem Tripolitanien im Jahr 146 v. Chr. durch die Zerstörung Karthagos in die Hände der Römer gefallen war, wurden die Garamanten die hartnäckigsten afrikanischen Widersacher des Imperiums, das mehrere Straffeldzüge gegen die Garamanten-Hauptstadt Garama (heute Dscherma) entsandte. Laut dem römischen Geschichtsschreiber Tacitus trugen die Garamanten einen Lendenschurz und darüber einen langen bunten Umhang. Mit zahlreichen Tätowierungen und kunstvollem Federschmuck in ihren langen Haaren sahen diese „Ur-Libyer" in den Augen der Römer sehr exotisch aus. Interessanterweise stimmen die römischen Beschreibungen auffällig mit jenen bildlichen Darstellungen überein, die die Alten Ägypter über 1000 Jahre zuvor in ihren Königsgräbern und Tempeln hinterließen. Dort sind die Bewohner Libyens mit Spitzbärten, Tätowierungen und langem, federgeschmücktem Haar dargestellt. Nachdem Garama im Jahr 666 n. Chr. von den Arabern eingenommen worden war, verfiel die Hauptstadt, heute erinnern nur noch Lehmruinen an die einstige Pracht. Daneben erstrecken sich Oasengärten, in denen von Schmetterlingen umflatterte Kühe zwischen Palmen, Klee und Hirse grasen. An den südlich gelegenen Berghängen markieren Abertausende von Stelen die Gräber der Garamanten; im Norden schwingt sich die Silhouette des Sandmeeres der Unendlichkeit entgegen.

Bis heute gelten die Bewohner des Fesaans in Libyen als eigentümlich. Man lobt den bedingungslosen Zusammenhalt ihrer Sippen, respektiert ihren Konservatismus und lacht über ihr Hinterwäldlertum. Sie selbst sehen sich als die Bewahrer des traditionellen nomadischen Stammeskodexes und als die „dritte Macht im Land" nach Tripolitanien und der Kyrenaika. Viele fühlen sich in der Weite der

OBEN: DIE HÖHLE DER GEISTER: DIE BIZARRE SILHOUETTE DES KAHF AL-DSCHUNUUN HAT ZU ALLEN ZEITEN DIE FANTASIE DER MENSCHEN BEFLÜGELT. DER DEUTSCHE FORSCHUNGSREISENDE HEINRICH BARTH KAM HIER FAST UMS LEBEN.

RECHTS: WOHNZIMMER STATT WÜSTE: DIE MEISTEN TUAAREG IN LIBYEN SIND HEUTE SESSHAFT GEWORDEN.

RECHTS: RUF DER GENERATIONEN: ABDARRAHMAN AHMAD BABAR HAT DAS AMT DES MUEZZINS DER HAUPTMOSCHEE IN DER ALTSTADT VON GHAT VON SEINEM GROSSVATER ÜBERNOMMEN. IRGENDWANN WIRD ER ES AN EINEN SEINER SÖHNE ODER ENKEL WEITERGEBEN.

Wüste oder allenfalls in einem kleinen Dorf wohler als in der Stadt. „In der Stadt treffe ich überall auf Vorschriften und muss mich auf vorgegebenen Wegen bewegen. In der Wüste kann ich gehen, wohin ich will. Dort bin ich frei", sagt zum Beispiel der 25-jährige Salim Abdassalam, der in einem Weiler östlich von Sabha lebt. Die Familienstrukturen im Fesaan sind patriarchalisch, Männer dominieren das öffentliche Leben. Das männliche Oberhaupt repräsentiert die Familie nach außen und stützt sich dabei auf Freundschaften und persönliche Loyalitätsbeziehungen. Frauen haben hingegen im Haus das Sagen, dort müssen sich die Männer nicht selten unterordnen. Sechs bis zehn Kinder sind eher die Regel als die Ausnahme, Polygamie kommt häufiger vor als in den Großstädten an der Küste. Söhne gehorchen dem Willen ihres Vaters und wohnen so lange im Elternhaus, bis sie heiraten und selbst eine Familie gründen. Erst dann erlangen sie die volle Anerkennung der Gesellschaft. Der Tourismus und verstärkte Entwicklungsbemühungen der Regierung haben die Region in den vergangenen Jahren neu belebt. Daran versuchen nun auch viele Gastarbeiter teilzuhaben, etwa Abdul Muhammad, der aus einem Dorf an der algerisch-marokkanischen Grenze stammt, aber einmal im Jahr für fünf Monate nach Dscherma kommt, wo er ein Touristen-Camp unterhält.

Sein Arbeitsweg ist über 3000 Kilometer lang. „Es lohnt sich trotzdem", sagt er, „zu Hause gibt es einfach keine Arbeit."

Von Dscherma nach al-'Uwainaat sind es 270 Kilometer, und die Straße führt immer geradeaus. Zwischen der Steinwüste und der schroffen Gebirgskette des *Masaak Mastaafat* flirrt die Hitze auf dem schmalen Asphaltband. Hinter al-'Uwainaat geht es Richtung Süden weiter durch die Kargheit. Die Natur scheint tot – und dann beginnt sie plötzlich doch zu leben. Während einer Rast, als man einen Schluck Wasser aus dem Ziegenlederbeutel *Ghirba* nimmt, der zur Kühlung aus dem Autofenster hängt, flattert ein drolliger Wüstenbewohner herbei, den jeder Libyer kennt: *Mula-Mula* in der Sprache der Tuaareg, *Buqreer* auf Arabisch. Auf Deutsch heißt der Piepmatz, dessen schwarzweißes Gefieder sich bestens zur Tarnung in den spärlichen Sträuchern eignet, etwas komplizierter: Weißbürzelsteinschmetzer, eine Drosselart aus der Gattung der Schmetzervögel. Sein Auftauchen ist stets ein frohes Zeichen, da es auf die Nähe einer Oase oder einer Ortschaft deutet. Den Tuaareg gilt er deshalb als „Botschafter des Guten", der den erschöpft aus der Wüste Heimkehrenden begrüßt.

Tatsächlich ist es dann nicht allzu weit zur nächsten Wasserstelle, allerdings liegt sie fernab der Straße zwischen schwarzen Basaltbrocken, Sandfeldern und grünem Wüstenmelonen-Gestrüpp: *Bir as-Sachn*, der „Heiße Brunnen". Ein überdachtes Wasserbecken und vier Holzhütten, mehr ist da nicht. Aber das reicht, von weither kommen Kranke, um hier ihre Leiden mit dem Heilwasser zu kurieren. Zum Beispiel der 50-jährige Salih al-'Auwa aus Ubaari, der unter Rheuma leidet und jedes halbe Jahr für eine Woche hier campiert, um stundenlang in dem heißen Wasser zu baden. Für die Frühstücksmilch hat er sich eine Ziege mitgebracht. Auch die 30-jährige Ghruuda und ihre zwei Freundinnen aus al-Uwainaat kommen regelmäßig zum Baden, um ihre schöne Haut zu pflegen. „Was tut man nicht alles für die Männer!", sagt sie neckisch. Dann gibt sie den Reisenden eine Warnung mit auf den Weg: „Kommt dem Geisterberg nicht zu nahe!"

Kahf al-Dschunuun, die „Höhle der Geister", so nennen die Araber einen Bergzug nahe der algerischen Grenze. Bei den Tuaareg heißt er *Idiinen*, gegenüber liegt sein Bruder *Udaad*. Noch heute sind viele Menschen in der Umgebung überzeugt, dass in den bizarr zerklüfteten Gesteinen Geister

CHEMIEUNTERRICHT FÜR DIE UNTERSTUFE: KLASSENZIMMER IN EINER GESAMTSCHULE IN DER OASENSTADT GHAT. DIE MEISTEN LEHRER IN LIBYEN SIND FRAUEN, DA DER BERUF UNTER MÄNNERN NUR GERINGES ANSEHEN GENIESST.

RAP FÜR DIE OASE: JUGENDLICHE IN GHAT PROBEN DIE LÄSSIGSTE POSE.

leben, die schon im Koran erwähnten *Dschinnen*. „Von der stolzen Akakus-Kette haben sich zwei legendäre Berge getrennt und sind durch die Wüste geirrt. Einer von ihnen lagerte sich im Süden, unweit der Mutterkette, und scheint, trotz zweier gigantischer Formationen, niedriger als sein irrender Bruder, mit dem er den Ehrgeiz teilt, den Himmel zu erreichen. Der nördliche Berg, der am anderen Ende der Ebene ruht, spaltet mit seinen traurig-rätselhaften Gipfeln, die wie vier Türme aufragen, majestätisch den Raum." So beschreibt Ibrahim al-Koni, der wohl bedeutendste libysche Schriftsteller der Gegenwart, in seinem Tuaareg-Epos „Die Magier" die berühmtesten Gipfel seiner Heimat (verlegt in Basel 2002, Seite 13). Die Furcht vor den Geistern, die Menschen verwirren und sogar in den Wahnsinn treiben können, manifestiert sich in unzähligen Legenden über allerlei mysteriöse Vorkommnisse, die sich am *Idiinen* und *Udaad* zugetragen haben. Das betrifft beileibe nicht nur Einheimische. Der erfahrene deutsche Forschungsreisende Heinrich Barth (s. *Silberbesteck in der Wüste – Unterwegs mit Heinrich Barth*, Seite 132) versuchte trotz der Warnungen seiner Begleiter im Jahr 1850, den *Idiinen* zu besteigen, verirrte sich und wäre fast verdurstet, hätte ihn nicht im letzten Moment ein Targi gerettet. Die bizarr gezackte Bergkette liegt meist im Dunst, was ihre unheilvolle Erscheinung noch verstärkt. Wenn der Wind um die Felsnadeln und Kliffen pfeift, erzeugt er Furcht einflößende Töne, die tatsächlich dem Raunen von Geistern ähneln.

40 Kilometer weiter südlich hat der Spuk ein Ende. Die ehemals blühende Karawanenstadt Ghat ist heute ein verträumtes Provinznest. Einzig an einer Kreuzung posieren einige Jugendliche mit Gel in den Haaren und Sonnenbrillen auf den Nasen und beschallen die leere Straße mit algerischer Rap-Musik. In der 800 Jahre alten Altstadt ist es ruhiger; seit die 2000 Bewohner in den achtziger Jahren in die Neustadt umgesiedelt wurden, verfallen die historischen Häuser. Nur einige schwarzafrikanische Migranten haben sich in den Ruinen niedergelassen. Bei einem Rundgang durch die engen Gassen hört man neben Arabisch auch Haussa, Fulbe und Französisch. Vor allem Haussa gilt in der Durchgangsstadt Ghat seit eh und je als zweite Umgangssprache.

Pünktlich zum Nachmittagsgebet tritt der Muezzin Abdarrahman Ahmad Babar aus seinem Haus neben der Hauptmoschee. Die Familie des 43-jährigen gelernten Elektrikers stellt seit vielen Generationen den Gebetsrufer; Abdarrahman hat das Ehrenamt vor 15 Jahren von seinem Großvater übernommen. „Seit 600 Jahren hat unsere Familie dieses Haus bewohnt, ich werde es niemals aufge-

ben", beteuert er. Zwar besitzt er noch ein Haus in der Neustadt, doch kommt er jeden Tag in die Altstadt, um seiner religiösen Aufgabe zu walten. Gern erinnert er sich an früher. „Direkt vor der Moschee war der Gerichtsplatz. Dort saßen die Alten auf gemauerten Podesten und hielten Rat." Heute sitzen die Menschen einige hundert Meter weiter in modernen Häusern mit fließendem Wasser und Satellitenfernsehen. Das traditionelle Altstadtleben ist hier ebenso wie in Ghadaames verschwunden (s. *Tripolitanien – Das Erbe der Antike*, Seite 66). „Wir haben in Ghat mittlerweile gute Lebensbedingungen, aber das Hauptproblem unserer Ortschaft bleibt weiter bestehen: Die Wege in die nächsten größeren Städte sind zu weit. Wenn jemand zum Beispiel einen speziellen Arzt braucht, muss er eine halbe Weltreise unternehmen", sagt Abdarrahman. Er selbst reiste vor Jahren sogar bis nach Hamburg in Deutschland, um ein Augenleiden fachgerecht behandeln zu lassen. Wegen der Abgeschiedenheit haben seine sechs Söhne und drei Töchter ihrer Heimatstadt längst den Rücken gekehrt. Doch Abdarrahman kann nicht gehen, schließlich ist seine Familie für die Moschee verantwortlich. Und irgendwann wird einer seiner Söhne oder Enkel das Amt von ihm übernehmen müssen.

Während der Muezzin erzählt, wie seine Frau bei religiösen Festtagen im alten Ofen des halb verfallenen Altstadthauses Brot für die Gläubigen zu backen pflegt; während er sodann in Gedanken die Karawanen wiederauferstehen lässt, die das *Taruut*-Holz, aus dem irgendwann in den vergangenen Jahrhunderten die schwere Haustür gezimmert wurde, aus Nigeria bis hierher brachten, und während er seinen Gedanken an das Ghat der Vergangenheit und an das Ghat der Gegenwart nachhängt, klingt aus der benachbarten Moschee die Koranrezitation einer Gruppe von Gläubigen und erfüllt die Gassen aufs Schönste mit dem Lob des Allmächtigen. Als wolle dieser durch ein kleines Zeichen sein Wohlgefallen bekunden, lässt er plötzlich einen Weißbürzelsteinschmetzer heranflattern, der sich auf dem Dach des Gotteshauses niederlässt.

In der Sekundarschule von Ghat geht es profaner zu. Rund 250 Schüler zwischen elf und 15 Jahren bevölkern die Klassenräume. Wie in allen libyschen Schulen sind die Klassen gemischt, Geschlechtertrennung gibt es dort nur insoweit, als Mädchen und Jungs an getrennten Pulten sitzen. Der Schulunterricht ist kostenlos, viele Lehrer kommen aus Jordanien, Palästina oder dem Irak. Im Chemieunterricht der fünften Klasse herrscht Disziplin, keines der 23 Kinder wagt es herumzuhampeln oder zu tuscheln – nur kichern tun sie gern mal. Artig sprechen die Schüler nach, was die Lehrerin ihnen vorsagt: „Die Hauptbestandteile der

WACHSAMES AUGE AUF DEN GEFÄHRLICHSTEN FEIND: RAMADAN UGALLA UND SEINE LEUTE VOM HEUSCHRECKEN-ABWEHR-TEAM PATROUILLIEREN IN DEN TÄLERN DES AKAKUS-GEBIRGES.

Erdatmosphäre sind Stickstoff und Sauerstoff." Wie in vielen arabischen Ländern ist das Problem nicht, dass es zu wenig Unterricht gäbe, sondern dass die Kinder einzig zum Repetieren des Lernstoffes erzogen werden: Bildung besteht überwiegend aus stumpfem Auswendiglernern, eigene Schlussfolgerungen oder gar kritisches Denken sind nicht gefragt, schon gar nicht im Geschichts- oder im Religionsunterricht. Doch der Schuldirektor hat andere Probleme. „Zwar liegt bei uns das Akakus-Gebirge mit den weltberühmten Felszeichnungen direkt vor der Haustüre, aber die Schule hat kein Geld, um Ausflüge für die Kinder dorthin zu organisieren", klagt er.

Der Akakus. Eine Traumwelt aus zerklüfteten Felsen und sanften Tälern. Nachdem die gewaltigen Wassermassen der Urströme sich hier vor Jahrmillionen in die Sandsteinplateaus gefressen hatten, wurden die Ausläufer des Tassili-Gebirges durch die Jahrtausende währende Witterung zu bizarren Strukturen geformt. Später war diese Region ein Zentrum der neolithischen Revolution, als der Mensch begann, von der rein aneignenden zur produzierenden Wirtschaftsweise überzugehen. Er ergänzte nun die Jagd durch die Viehhaltung und brannte Keramik in Öfen. Und er hinterließ einen der größten Kunstschätze Libyens: Die prähistorischen Felsmalereien und -gravuren in den Steinwänden des Akakus, des *Masaak Mastaafat* und des *Masaak Mallaat*, die 1850 von Heinrich Barth entdeckt wurden und zum Teil bis zu 12 000 Jahre alt sind. Nach einer besiedlungsarmen Trockenphase zwischen 20 000 und 10 000 v. Chr. drangen wieder Menschen in die Gegend vor. Damals sah es hier aus wie heutzutage in Ostafrika: Bewaldete Berge und breite Flüsse flankierten grüne Savannen, es regnete regelmäßig. An den Gestaden gewaltiger Süßwasserseen tummelten sich Nilpferde, Krokodile, Nashörner, Giraffen, Elefanten und Löwen. Ab 5000 v. Chr. begannen die Menschen hier Rinder zu halten. Die meisten Felsbilder stammen aus dieser „Rinder-Periode", und die vorgeschichtlichen Künstler dokumentierten die Fruchtbarkeit ihres Lebensraums und ihren Alltag mit Liebe zum Detail: Menschen, Tiere, Jagdszenen, aber auch Frauen

beim Haarewaschen und erotische Szenen. Sie malten und ritzten mit großer Fantasie, wovon die rätselhaften Bilder von Mischwesen aus Mensch und Tier zeugen, die womöglich Jagdgötter darstellen sollten. Als Farben verwendeten sie vor allem Ockermischungen (Rot, Gelb, Braun), Holzkohle (Schwarz) und Kalkstein (Weiß). Der ursprüngliche Sinn der weltweit größten Ansammlung prähistorischer Felsbilder ist heute umstritten. Vermutet wird, dass die Jagdszenen kultischen Charakter hatten, die Kampfbilder zur Motivation vor Feldzügen gemalt wurden und die erotischen Darstellungen einen Fruchtbarkeitsritus zum Ursprung hatten. Um 2500 v. Chr. endete diese Hochphase der frühen Menschheitskultur mit einer erneuten Austrocknung der Sahara. Doch wiederum ein Jahrtausend später, zu

Beginn der „Pferde-Periode", als die Menschen Metall und zudem das Pferd nutzten, entstanden erneut Felsbilder und darüber hinaus die ersten Schriftzeichen: das *Tifinaar*, das auf ein altes libysches Alphabet der Garamanten zurückgeht und in leicht veränderter Form bis heute von den Tuaareg verwendet wird.

Heute sind in den sandgefüllten, nur stellenweise von Gräsern, Wüstenmelonen und Akazien begrünten Tälern des Akakus vor allem Touristen unterwegs – und die wichtigsten staatlichen Sicherheitskommandos des ganzen Fesaans. Deren Feinde sind um vieles gefährlicher als Gesetzesbrecher oder illegale Einwanderer: die Heuschrecken. In gigantischen Schwärmen können sie über das Land herfallen und binnen weniger Tage die Vegetation und die Ernten eines ganzen Jahres vernichten. Im Niger führte eine Invasion der fliegenden Kleintiere im Jahr 2004 zu einer Hungersnot. Deshalb schauen Ramadan Ugalla und seine Leute in den grünen Geländewagen stets ganz genau hin, wenn sie im Akakus Heuschrecken entdecken, und überprüfen durch intensive Beobachtung des Geländes, ob sich ein Schwarm ankündigt. Ist dies der Fall, alarmieren sie sofort eine in Ghat stationierte Flugzeugstaffel, die großflächig Insektizide versprüht. „Die Heuschrecken sind wirklich ein riesiges Problem. Zwar frisst jede von ihnen nur ein Gramm in 24 Stunden – aber sie kommen in Schwärmen von Myriaden! Mit ihren scharfen Zangen können sie sogar Steinchen zermalmen", berichtet Ramadan.

VORHERIGE UND DIESE SEITEN: ZERKLÜFTETE LANDSCHAFTEN: ANSICHTEN DES AKAKUS-GEBIRGES IM ÄUSSERSTEN SÜDWESTEN DES FESAANS. WINDE TREIBEN DEN WÜSTENSAND AN DIE KLIPPEN DER FELSWÄNDE. AUFGRUND DER EXTREMEN TEMPERATURUNTERSCHIEDE BIRST DAS GESTEIN ÜBER DIE JAHRTAUSENDE ZU IMMER KLEINEREN FORMEN.

Solche Probleme hat Hassan Abusif, Händler und Bruder des Imams der Hauptmoschee von as-Suwaila, nicht. Die Herausforderungen, denen er sich zu stellen hat, sind eher sozialer Natur: Wie alle seine Nachbarn ist er verpflichtet, ein moralisch vorbildliches Leben zu führen. Denn die Bewohner der Oase östlich von Mursuq leiten ihre Abstammung von keinem Geringeren als dem Propheten Muhammad her. Ihre Ahnen sollen den Ort bei der ersten arabischen Eroberungswelle erreicht haben, als nach Einnahme der Kyrenaika im Jahr 642 n. Chr. ein Stoßtrupp bis tief in den Fesaan vordrang. Zwei Cousins des Propheten und fünf weitere seiner Verwandten sollen damals dabei gewesen sein. Die Bewohner von as-Suwaila nennen sich seither *Aschraaf*, „religiöse Adlige", und engagieren sich in besonderem Maße für ihren Glauben. Von ihrem Heimatort aus wurden der Niger, Mali, Nordnigeria und der Senegal islamisiert. „Wir fühlen uns zwar dem Propheten besonders nahe, doch wir unterscheiden uns nicht per se von anderen Muslimen", sagt Hassan Abusif. „Allerdings fordert der Koran, dass Mitglieder der Prophetenfamilie sich doppelt so stark wie alle anderen um ein rechtschaffenes Leben bemühen sollen. Das verpflichtet natürlich." Aber es schließt keineswegs den Humor aus. Die Prophetengefährten ruhen heute in Grabbauten am Ortsrand, und dort gibt es einen hübschen Brauch: Zwei der Grabhäuser stehen so dicht beieinander, dass nur schlanke Menschen sich zwischen ihnen hindurchzwängen können. Wer stecken bleibt, so spottet man in as-Suwaila, hat nicht nur zu viel Couscous genossen, sondern wurde auch „unrechtmäßig" gezeugt – zu einem Zeitpunkt nämlich, als seine Eltern noch nicht

MIT EINER GUTEN PORTION HUMOR IN DEN TAG: HASSAN ABUSIF (VORNE) UND SEINE FREUNDE WÜRZEN DEN ALLTAG GERN MIT KLEINEN SCHERZEN.

DIE GRÄBER DER ALTVORDEREN: IN AS-SUWAILA ÖSTLICH VON MURSUQ SOLLEN EINIGE GEFÄHRTEN DES PROPHETEN MUHAMMAD BESTATTET SEIN. DASS ZWEI DER GRABHÄUSER SEHR ENG BEIEINANDER STEHEN, HAT IN DER OASE EINEN BELIEBTEN SCHWANK HERVORGEBRACHT: ES HEISST, WER NICHT HINDURCHPASSE, SEI UNRECHTMÄSSIG GEZEUGT WORDEN.

ZUKUNFT OHNE GLÜCK

Er ist einer von Tausenden. Und wie fast alle seine Leidensgenossen kann Muhammad Qamrawi kaum auf eine bessere Zukunft hoffen. Aber wie fast alle hofft er trotzdem. Als er sich in seinem Heimatdorf im Norden Ghanas von seinen Eltern verabschiedete, war er den Tränen nahe. „Denk nicht an uns, denk nur an das Geld, das du verdienen kannst", sagten sie. Mit fünf Freunden wagte der 27-Jährige die strapaziöse, zweiwöchige Reise durch den Niger nach Libyen, die 400 US-Dollar für Transportgeld und Wegezoll hatte er sich lange zusammengespart.

Im Niger, einem der ärmsten Länder der Welt, hat sich das Geschäft mit Migranten in den vergangenen Jahren zu einem florierenden Wirtschaftszweig entwickelt. In Agades, am Rande der Tenere-Wüste, fließen die Migrationsströme aus Westafrika zusammen. Auf den Ladeflächen klappriger Lastwagen wird die „menschliche Fracht" in die Maghrebländer geschafft. „Verluste" sind auf der anstrengenden, gefährlichen Reise einkalkuliert. Erschöpfung, Wassermangel und Überfälle fordern ihre Opfer. In den nordafrikanischen Ländern erhoffen sich die Migranten höhere Verdienste als zu Hause, das Fernziel Europa bleibt für die meisten unerreichbar. Seit Gaddafi im Jahr 2000 die südlichen Grenzen Libyens öffnete, sind Hunderttausende von Schwarzafrikanern ins Land geströmt. Libyen lässt die Gastarbeiter bewusst im Status der tolerierten Illegalität, um sie wieder abschieben zu können, sobald sie nicht mehr gebraucht werden. Einwanderungsappelle der Regierung wechseln sich mit rabiaten Ausweisungsaktionen ab. Hinzu kommt die herablassende, oft aggressive Behandlung durch große Teile der libyschen Bevölkerung. Schwarze gelten vielen Libyern unterschiedslos als Kriminelle, Schwachköpfe oder Prostituierte.

Als Muhammad schon fast am Ziel war, überfielen Wegelagerer das Auto, in dem er Platz gefunden hatte. Sie raubten ihm seine letzten 50 Dollar. Als er in Ghat im Südwesten Libyens ankam, hatte er nicht mehr als die Kleider am Leib. Er schlug sich durch bis Sabha im Nord-Fesaan, fand eine Bleibe in einer Hütte am Stadtrand und Arbeit als Küchenhilfe in einem Hotel. Dort verdient er rund 80 Euro im Monat, zu wenig, um in Würde zu leben, zu viel, um zu sterben. Doch die Suche nach einer anderen Beschäftigung ist schwierig, in Sabha gibt es Tausende wie ihn. „Irgendwann möchte ich nach Europa, ich weiß nur noch nicht, wie ich das anstellen soll", sagt er leise. Und was möchte er haben, wenn er drei Wünsche frei hätte? „Gerade so viel Geld, um glücklich zu sein, ein kleines Haus und eine Ehefrau." Das Glück kann so einfach sein. Und zugleich so unerreichbar.

verheiratet waren ... Selbstverständlich wird jeder Reisende, der in as-Suwaila Station macht, aufgefordert, sich unverzüglich dieser Probe aufs Exempel auszusetzen. Und selbstverständlich sorgen die ungelenken Versuche der Gäste, sich um alles in der Welt zwischen den Mauern hindurchzuzwängen, vor allem bei der männlichen Bevölkerung stets für große Heiterkeit.

Fröhlich sind auch Scharif, Bursam und Omar. Die drei Burschen im Alter zwischen sechs und zwölf Jahren stammen aus dem Niger und verdingen sich auf dem Kamelmarkt der Fesaan-Hauptstadt Sabha, einem der größten seiner Art in ganz Nordafrika, als Hirten. Keine leichte und auch keine lukrative Arbeit, aber die drei tun sie dennoch gern, weil sie auf diese Weise rund um die Uhr mit ihren Lieblingstieren zusammen sein können. „Wir beschützen die Kamele und die Kamele beschützen uns", sagt Scharif, der Älteste. Es gibt praktisch nichts, was er und seine Freunde nicht über die Höckertiere wissen. Sie kennen jedes Brandzeichen, das so genannte *Siima*, das an Hals und Schenkel der Tiere angebracht wird. Das eine zeigt den Stamm des Besitzers an, das andere dessen Sippe. Ihr Lieblingstier hat schöne hellbraune Haut und – eine absolute Rarität – strahlend weiße Augen. Auch mit den Preisen kennen die Dreikäsehochs sich aus. Junge Stuten kosten umgerechnet über 400 Euro, Hengste sind dagegen schon für die Hälfte zu haben. Da auf dem Markt von Sabha Tausende von Kamelen versammelt sind, trotten dort also recht hübsche Sümmchen umher.

Die Aufzucht und Pflege dieser Kostbarkeiten, die von der Arabischen Halbinsel stammen und sich im 1. Jahrtausend v. Chr. im gesamten Sahara-Raum verbreiteten, ist eine Wissenschaft für sich. Um die verschiedenen Qualitäten eines Tieres rasch benennen zu können, nutzen kundige Händler Dutzende von arabischen Fachbegriffen. Ein Kamel heißt also mitnichten einfach nur Kamel! Ein sieben Tage altes Jungtier wird *Hiwaar* genannt, ab dem Alter von einem Monat ist ein Hengst ein *Qa'uud*, eine Stute hingegen eine *Baqara*. Ausgewachsen heißt er *Naaqa*, sie hingegen schlicht *Dschamal*, also tatsächlich einfach „Kamel". Ein starker Hengst, der mindestens 800 Euro kostet, wird als *Fahall* bezeichnet, ein alter Hengst dagegen als *Thilb*. Natürlich werden auch die Fellfarben unterschieden. So heißen weiße Kamele *Ebeydisch* (Hengst) oder *Beidha* (Stute), schwarze hingegen *Asraq* bzw. *Sarqa*, was wörtlich übersetzt „Blaue/r" heißt. Reitkamele, für die starke Tiere mit heller Haut bevorzugt werden, nennt man *Mehaari*. Ihren Besitzer können sie an einem Tag bis zu 90 Kilometer weit tragen. Zusätzlich gibt es in jeder Region zahlreiche Dialektnamen für Kamele, ihre Eigenschaften und Farben ... Doch die kann man gar nicht alle im Kopf haben. Unbedingt kennen muss man aber den Begriff *Laqiih*, denn er bezeichnet eine schwangere Stute – und weibliche Kamele tragen

LINKS UND RECHTS: GUTE LAUNE TROTZ HARTER ARBEIT: AUF DEM KAMELMARKT IN SABHA.

23 WORS
EUGEOT
2 - 1
1677

KAMEL ODER TAU?

Geht ein Kamel durch ein Nadelöhr? Und wenn ja: Wie groß muss dann die Nadel sein oder wie klein das Kamel? Seit Jahrhunderten streiten sich Religionsgelehrte und Linguisten über eine Metapher von wenigen Worten, die ein scheinbar unsinniges Bild über das auch in Libyen wichtigste Tier aufwirft – und die sowohl in der Bibel wie im Koran vorkommt. „Es ist leichter, dass ein Kamel durch ein Nadelöhr gehe, als dass ein Reicher in den Himmel komme", zitiert das Neue Testament Jesus Christus (Matthäus 19,24). „Denen, die unsere Zeichen für Lüge erklären und sie hochmütig ablehnen, werden dereinst die Tore des Himmels nicht geöffnet, und sie werden so lange nicht in das Paradies eingehen, bis ein Kamel in ein Nadelöhr eingeht", sagt Gott im Koran (Sure 7, 40).

Warum ein Kamel, rätselten die Gelehrten und entwarfen verschiedene Lösungen. Einige waren der Überzeugung, dass die Ursache in einem schlichten Übersetzungsfehler liegt: Statt *kamelos* habe im griechischen Urtext des Neuen Testaments *kamilos*, also „Tau" gestanden. In einer Abschrift sei der fragliche Buchstabe versehentlich ausgetauscht worden, so habe sich das

ihren Nachwuchs immerhin zwölf Monate lang aus, während der sie sehr empfindlich sind. Nach der Geburt hält die Mutter dem Neugeborenen ihre Zitzen vors Maul, das Junge erkennt so den Geruch seiner Mutter und wird dieser in den kommenden anderthalb Jahren nicht mehr von der Seite weichen. Wenn der männliche Nachwuchs beginnt, Gras zu fressen, wird er vom Vater vertrieben. Denn ein Hengst duldet in seiner Herde von bis zu 40 Stuten keinen Nebenbuhler. Nähert sich doch einmal ein Rivale, kommt es zum Kampf. In der Paarungszeit zwischen Dezember und März verwandeln sich die Hengste in regelrechte Ekelpakete. Um einen Konkurrenten in der Gunst einer Kameldame auszustechen, greifen sie zu allen Tricks: Sie ringen sich gegenseitig mit dem Hals nieder oder treten sich vors Schienbein. Dazu gurgeln und brüllen sie wie wild und knirschen Furcht einflößend mit den Zähnen. Kommt es hart auf hart, setzen sie ihre Geheimwaffe ein: Zwischen literweise schaumigem Speichel spucken sie eine fußballgroße Blase aus, die den Gegner erschrecken soll. Dieser „Brüllsack" ist nichts anderes als ihr Gaumensegel. Ist der Rivale ausgeschaltet, kann endlich die Herzdame erobert werden – wenn nötig ebenfalls mit Gewalt.

Kamel in die folgenden Übersetzungen eingeschlichen. Auch der Koran, in dem sich zahlreiche Analogien zur Bibel finden, habe den „Fehler" übernommen. Ein Tau, das nicht durchs Nadelöhr passt – das klingt schon logischer.

Trotzdem gehen die meisten Sprachwissenschaftler davon aus, dass in der Bibel von Beginn an ausdrücklich das Kamel gemeint war. Erstens erwähnt schon der altjüdische Talmud die Unmöglichkeit, einen Elefanten durch ein Nadelöhr zu bugsieren, und da ist es zum Höckertier nicht weit, zumal im Orient. Zweitens taucht die Übersetzung des fraglichen Wortes als „Tau" innerhalb der lückenlosen Kette von Bibelmanuskripten erst spät und nur in bestimmten Regionen auf. Wiederum andere Forscher verweisen darauf, dass es zur Entstehungszeit der Bibel in Jerusalem ein niedriges Stadttor mit dem Namen „Nadelöhr" gegeben haben soll, das Kamele nur auf Knien hätten passieren können. Dafür gibt es aber keine historischen Belege. Für gläubige Muslime, die den Koran als das unverfälschte Wort Gottes betrachten, sind all diese Spekulationen inakzeptabel. Fehler im Koran? Eher geht ein Kamel durch ein Nadelöhr!

GHAT: DIE MEISTEN EINWOHNER DER LIBYSCHEN OASEN-ALTSTÄDTE HABEN IHREN HÄUSERN DEN RÜCKEN GEKEHRT. IN DEN VERFALLENDEN GEBÄUDEN HABEN SICH SCHWARZAFRIKANISCHE MIGRANTEN NIEDERGELASSEN.

Doch Kamele wären nicht die wichtigsten Helfer des Menschen in der Wüste, wären sie nur aggressiv. Viel wichtiger ist, dass sie auch extrem belastungsfähig sind. Wasser brauchen sie nur alle zehn, 14 Tage, dann saufen sie allerdings gleich 100–200 Liter auf einmal. Die Flüssigkeit speichern sie nicht im Magen, sondern im Gewebe und in den roten Blutkörperchen, die sich bis auf das 240-fache ihres normalen Volumens ausdehnen lassen. Davon kann das Tier bis zu 17 Tage lang zehren und verliert dabei bis zu 30 Prozent seines Körpergewichts. Das nötige Fett zieht es aus seinem Höcker – das erklärt, warum dieser mal aufrecht, mal schlaff auf dem Buckel thront. Weil ihre Nieren wahre Wunderfilter sind, vertragen die „Wüstenschiffe" sogar Salzwasser. Allerdings benötigen sie nach starker Beanspruchung die dreifache Zeit zur Erholung. „Man darf Kamele nicht schlecht behandeln", sagt Scharif mit ernster Miene, „sonst kann es passieren, dass sie mitten in der Wüste zusammenbrechen." Und wenn der Reiter sich dann nicht zufällig in der Nähe der „Mutter allen Wassers" oder eines anderen Sees aufhält, ist er der Wüste ausgeliefert. Dann kann er nur hoffen, dass ein Weißbürzelsteinschmetzer angeflattert kommt und ihm von der Nähe einer Oase kündet…

WEISSE SCHNAUZE UND STRAHLEND WEISSE AUGEN: DAS LIEBLINGSTIER VON SCHARIF, BURSAM UND OMAR AUF DEM KAMELMARKT IN SABHA.

DAS BROT DER TUAAREG – BACKEN IN DER WÜSTE

Wie ernährt man sich in der Wüste? Die Tuaareg im Südwesten Libyens wissen es. Zum Beispiel Skou Taki. Inmitten des ewigen Sandes der Dünen backt er binnen einer dreiviertel Stunde *Tgilla*. Dieses Wort aus dem *Tamaahaq*, dem nördlichen Dialekt der Tuaareg-Sprache, haben die Araber als *Chubsa al-Malla*, „Aschebrot", übersetzt. Zunächst einmal gräbt Skou eine Kuhle in den Sand und entzündet darin ein Holzfeuer. Dann knetet er aus Mehl, Wasser und einer Prise Salz einen zirka vier Zentimeter dicken, runden Brotfladen. Wenn die Holzscheite zu einem Häuflein Glutasche verbrannt sind, bestreut Skou dieses mit einer dünnen Sandschicht, legt darauf den Brotfladen und bedeckt ihn mit Sand und heißer Asche, die er im Hocken mit seinem Gewand anfacht – fertig ist der natürliche Backofen. Nach 20 Minuten wird der Fladen gewendet, damit er auch von der anderen Seite ausbäckt. Auf der Glut kocht Skou währenddessen ein Kännchen grünen Tee. Diese fast rituelle Handlung zählt wie in allen arabischen Ländern auch bei den Tuaareg zu den wichtigsten Alltagszeremonien. Nachdem der Tee mit einer gewaltigen Menge Zucker aufgekocht wurde, schäumt man ihn durch mehrmaliges Hin- und Herschütten auf. Ob morgens zum Aufwärmen nach einer kalten Nacht, mittags gegen die Saharahitze oder abends zum Tagesausklang, immer trinkt man drei Gläser. „Das erste Glas bitter wie der Tod, das zweite durchwachsen wie das Leben, das dritte süß wie die Liebe" lautet ein Sprichwort.

Nun sticht Skou mit einem Holzstöckchen in den Brotlaib und erkennt so, dass dieser kross gebacken ist. Und dann geschieht das schier Unbegreifliche: Nachdem er es abgeklopft hat, bricht Skou das Brot, reicht jedem ein Stück; man beißt also hinein – und hat kein Körnchen Sand zwischen den Zähnen. Das *Tgilla* schmeckt warm und köstlich. Weil die libyschen Tuaareg mittlerweile fast alle sesshaft sind, backen sie „Aschebrot" meist nur noch auf Reisen. In Südalgerien und in Mali, wo die meisten ihrer Stammesgenossen leben, aber auch im Niger und in Burkina Faso ist die Methode des Brotbackens im Sand stärker verbreitet. Schon ein Fladen sättigt vier Personen. Zurück bleibt weder Plastikverpackung noch geschwärzter Stein. Wenn die Tuaareg durch die Wüste ziehen, hinterlassen sie Lagerplätze so wie sie diese vorgefunden haben. Das Wort „Reste" existiert in ihrer Sprache nicht. Selbst die Dattelkerne werden zerstampft und mit Wasser und Salz vermischt an die Tiere verfüttert – ein natürliches Recycling.

SILBERBESTECK IN DER WÜSTE – UNTERWEGS MIT HEINRICH BARTH

Als Heinrich Barth (1821–1865) im Jahr 1850 mit seinem Expeditionstrupp in Tripolis aufbrach, konnte er kaum ahnen, welche Strapazen ihm bevorstanden. Auch wusste er nicht, dass er posthum als einer der bedeutendsten europäischen Afrikaforscher gelten würde. Seine Ziele waren die „goldene Stadt" Timbuktu im heutigen Mali und das legendäre Königreich Bornu am Tschad-See. Auf dem Weg dorthin durchquerte er mehrmals den Fesaan und entdeckte im Waadi Tel Isaaghen als erster Europäer die prähistorischen Felszeichnungen. In knapp fünfeinhalb Jahren legte er rund 18 000 Kilometer zu Pferd und zu Fuß zurück. Der Sohn eines Hamburger Schlachters, der sich mit eisernem Willen den akademischen Aufstieg erkämpft hatte, sprach fließend Arabisch und mehrere afrikanische Sprachen. Er trug stets einen Koran und Herodots Historien bei sich und hatte im Gegensatz zu vielen seiner Zeitgenossen keine Vorurteile gegenüber Menschen anderer Hautfarbe und Religion. Auf seinen Reisen gab er sich den arabischen Namen Abdulkarim – und blieb doch den Sitten seiner Heimat verhaftet. Neben einem Harmonium und einem vergoldeten Thronsessel, der als Geschenk für den Herrscher von Bornu gedacht war, ließ er auch Silberbesteck und feine Gläser mitführen. Auf Kamelrücken. Durch die Wüste. Dabei war der Weg sehr gefährlich. Zwei der Mitreisenden, der britische Missionar James Richardson und der Hamburger Geologe Adolf Overweg, zahlten für ihren Entdeckergeist mit dem Leben. Auch Barth geriet mehrfach in Lebensgefahr, überstand jedoch wie durch ein Wunder Wassermangel, Krankheiten und Verrat durch betrügerische Führer.

Barths fünfbändiger Reisebericht mit dem Titel „Reisen und Entdeckungen in Nord- und Central-Afrika in den Jahren 1849 bis 1855" wurde ein Standardwerk der Afrika-Forschung. Zwar bemängelten Kritiker neben dem zwischen Pedanterie und Überschwang wechselnden Stil auch, dass die 3500 Seiten zählenden Aufzeichnungen mit unwesentlichen Kleinigkeiten überladen seien. Doch gerade die Akribie macht den Wert von Barths Beschreibungen aus, die der europäischen Wissenschaft Natur, Völker und Sprachen einer bis dahin weitgehend unerschlossenen Weltregion offen legten. Freilich nutzte die britische Regierung, in deren Auftrag Barth unterwegs war, die Daten auch für ihre koloniale Unterwerfung.

Nach Hause zurückgekehrt, fiel es dem von Zeitgenossen als unnahbar und cholerisch, aber auch als kühn und ausdauernd beschriebenen Barth schwer, wieder in das bürgerlich-konventionelle Leben zurückzufinden. In seinen letzten Lebensjahren schwankte er zwischen Verbitterung und Fernweh. An seinen Schwager schrieb er einmal: „Wie sehne ich mich nach einem freien Nachtlager in der Wüste, in jenem unermesslichen Raume, wo ohne Ehrgeiz, ohne Sorge um die tausend Kleinigkeiten, die hier den Menschen quälen, ich mich im Hochgenuss der Freiheit nach Beendigung des Tagesmarsches auf meine Matte zu strecken pflegte, um mich meine Habe, meine Kamele, mein Pferd. Fast bereue ich, dass ich mich selbst in diese Ketten gelegt habe." (Heinrich Barth: Im Sattel durch Nord- und Zentralafrika. Hrsg. v. Rolf Italiaander. Wiesbaden 1967, Seite 332.)

Kyrenaika

DER HORT DER REBELLION

Regenschauer, Nebelschwaden und grüne Berge: Der Nordosten Libyens unterscheidet sich von allen anderen Regionen des Landes. Seit der Antike trotzen die Bewohner fremden Eroberern, Kritik an den Herrschenden gehört hier zum Lebensstil.

الجبل الأخضر والبطنان

„Schaut euch dieses Gesindel an! Alles Arbeitslose, Diebe und Zuhälter. Dieses Pack isst sogar auf dem Boden – und die libyschen Jugendlichen machen es ihm nach. Es ist entsetzlich, die Stadt und unsere ganze Gesellschaft verkommen. Unheil ist über uns gekommen!" Der junge Mann spricht nicht, er spuckt Worte aus. Seine Augen über dem kurzen Bart sind hasserfüllt, seine Gestik gleicht Hieben. In sein Redestakkato flechtet er Koranverse und theologische Begriffe, auf der Stirn hat er das Erkennungszeichen demonstrativ strenggläubiger Muslime: einen dunklen Fleck, der daher rührt, dass sie beim Beten den Kopf besonders inbrünstig auf den Boden drücken. Der Mann ereifert sich so laut, dass andere Einkäufer auf dem überwiegend von Schwarzafrikanern besuchten *Daqaduq*-Flohmarkt im Stadtzentrum von Benghasi stehen bleiben und mit einer Mischung aus Respekt, Abscheu und Furcht zuhören. Was dieser Mann tut, ist in Libyen nicht nur ungewöhnlich, sondern gefährlich: Er schimpft in aller Öffentlichkeit laut auf die Verhältnisse und die Staatsführung. „Unsere Jugend hat keine Zukunft", ruft er, „so viele Jugendliche haben keine Arbeit, und was tut der Staat dagegen? Nichts! Überall wimmelt es von Polizei, aber außer dass sie uns permanent überwacht, tut die Regierung nichts für uns. Libyen ist im Unheil!" Er verwendet den arabischen Begriff *Sulm*, den islamische Theologen seit Jahrhunderten als Antonym zu *Adl*, zur „gerechten Herrschaft", verwenden, der aber im 20. Jahrhundert von islamistischen Gruppierungen okkupiert wurde, um Gegner zu stigmatisieren. „Diese Regierung und ihre Handlanger sind Hunde. Sie nennen uns und die islamischen Kämpfer Terroristen, dabei sind sie die wahren Terroristen! Sie lassen dieses Land total verkommen. Bis zum Jahr 1999 war ihre Politik akzeptabel, aber danach haben sie durch die Privatisierung Tausende arbeitslos gemacht. Durch ihre Anbiederung an den Westen haben sie ihre Ideale und den Islam verraten. Und durch die Öffnung der südlichen Grenzen haben sie das schwarze Gesindel ins Land gelassen. Das sind alles Kriminelle – und unsere Jugend übernimmt die Sitten dieser Halunken. Wir sind im Unheil!" Jetzt hat der Mann sich so in Rage geredet,

OBEN: STELLDICHEIN AM HAFENBECKEN VON BENGHASI. IM HINTERGRUND DAS BESTE HOTEL DER STADT.

dass er seinem Gegenüber bei jedem dritten Wort auf die Brust klopft. „Aber wisst ihr, was das Schlimmste ist? Diese Banditen an der Regierung haben einen Staat der Angst geschaffen. Auf der Straße müssen die Menschen Zustimmung heucheln, weil sie fürchten, verhaftet zu werden. Schaut euch doch nur einmal auf diesem Markt hier um: überall Verängstigte! Die Libyer haben ihre Würde und ihren Glauben verloren. Wir sind im Unheil!" Und dann, nach einer kurzen Pause: „Aber ich fürchte nichts mehr! Ich handle." Während er dies ruft, zittern seine Hände. Dann ist er ebenso rasch in der Menschenmenge verschwunden, wie er aufgetaucht ist.

Seit eh und je ist die fruchtbare Region Kyrenaika im Nordosten Libyens die Heimat von Oppositionellen und Rebellen. Hier hatten es Machthaber immer schon schwer, ihre Herrschaft durchzusetzen, egal, ob sie aus einem anderen Teil des Landes oder aus dem Ausland kamen. Die Bewohner gelten zwar als besonders freundlich, aber auch als extrem aufsässig, sobald sie ihre Rechte verletzt sehen. Es heißt, man könne sie gar nicht dauerhaft beherrschen. Von dieser Region aus operierten die Aktivisten der *Sanussi*-Bruderschaft und die antikolonialen Partisanen des Umar al-Muchtar (s. *Der libysche Löwe – Umar al-Muchtar,* Seite 144); von hier aus koordinieren die hartnäckigsten Gegner der Gaddafi-Herrschaft, seien es Islamisten oder Säkulare, bis heute ihre Aktionen, mal als subversive Agitation, mal als bewaffneten Aufstand (s. *Von der Revolution zur Folklore,* Seite 48).

FOLGENDE DOPPELSEITE: NICKERCHEN AM ARBEITSPLATZ: EIN ZWIEBELVERKÄUFER AUF DEM STRASSENMARKT IN BENGHASI GÖNNT SICH EINE PAUSE.

DIE TOSKANA LIBYENS: ÄGYPTISCHE GASTARBEITER AUF EINEM TOMATENFELD AM „GRÜNEN BERG".

Im Jahr 1837 gründete der gebürtige Algerier Muhammad as-Sanussi in Mekka eine islamische Bruderschaft, die bald als *Sanussiiya* bekannt wurde und – ähnlich wie andere Bewegungen zur selben Zeit – reformislamische Ideen propagierte: Um ihre Rückständigkeit zu überwinden, sollten die Muslime zur Einfachheit und Reinheit des frühen Islams zurückkehren und sich voll und ganz am Leben und Wirken des Propheten Muhammad und dessen Gefährten orientieren. Dieses Programm verband die neue Bruderschaft, die fest im beduinischen Milieu verankert war, mit dem Antikolonialkampf, hinderten doch in ihren Augen die westlichen Besatzungsmächte in Nordafrika und im Vorderen Orient die muslimische Gemeinschaft an ihrer Entfaltung. 1843 ließ sich die *Sanussiiya* in der Kyrenaika nieder, weil hier zu dieser Zeit keine starke Zentralgewalt herrschte. In der Stadt Al-Baida steht noch heute das erste, mittlerweile verfallene Konventsgebäude der Bruderschaft. Bei ihrer Missionstätigkeit schwärmten die Anhänger Muhammad as-Sanussis in die Libysche Wüste und den Fesaan aus und

AUCH WEINTRAUBEN WERDEN ANGEBAUT – ALLERDINGS NUR ZUM VERZEHR. ALKOHOL IST IN LIBYEN STRIKT VERBOTEN.

kontrollierten schon bald Teile des Transsaharahandels. Sie gerieten in immer heftigere Auseinandersetzungen mit den zwar schwachen, aber alarmierten osmanischen Besatzungstruppen und mussten sich bis Ende des 19. Jahrhunderts nach und nach bis in den Nord-Tschad zurückziehen. Im Antikolonialkampf gegen die italienischen Besatzer (1911–1943) wandelte sich die *Sanussiiya* endgültig von einer religiösen zu einer politisch-nationalen Bewegung und leistete nun den italienischen Truppen erbitterten Widerstand, den diese erst mit der Eroberung der Oase Al-Kufra im äußersten Südosten Libyens im Jahr 1931 brechen konnten. Doch nach dem Zweiten Weltkrieg triumphierte die *Sanussiiya* vorübergehend: Da sie auf Seiten der siegreichen Alliierten gekämpft hatte, wurde ihr Oberhaupt Idris as-Sanussi, ein Enkel des Ordensgründers, 1951 zum König des unabhängigen Staates Libyen ausgerufen. Oberst Gaddafi stürzte den rückständigen Monarchen zwar im Jahr 1969 und ließ die Bruderschaft verbieten, doch bis heute muss er ihre Anhänger als Rivalen fürchten (s. *Von der Revolution zur Folklore,* Seite 48).

Möglicherweise sind die Bewohner der Kyrenaika, die rund ein Drittel der libyschen Bevölkerung stellen, auch deshalb so eigensinnig, weil die Landschaft hier völlig anders aussieht als im Rest des Landes. Kurz hinter der Küste erhebt sich der von schroffen Tälern zerklüftete *Al-Dschabal al-Achdar*, der „Grüne Berg". An diesem bis zu 880 Meter aufragenden Höhenzug regnen die vom Mittelmeer heranziehenden Wolken ab – und zwar selbst im Sommer fast täglich, da die Berge nah an die Küste reichen. Der Kontrast zur 200 Kilometer südlich beginnenden Libyschen Wüste könnte kaum krasser sein. Binnen drei Stunden Fahrzeit gerät man als Reisender aus der flirrenden Hitze im ewigen Sand in Regenschauer und Nebelschwaden auf den grünen Bergen. An den Hängen gedeihen Mandeln, Trauben, Granatäpfel und sogar Wassermelonen. Auf einen Beduinen muss so eine Landschaft wie ein Paradies wirken. Zwischen Bäumen und Äckern sprießen Oleanderbüsche, vom Meer weht meist ein frischer Wind. Die Landschaft erinnert stellenweise an Oberitalien, nicht zuletzt wegen der Ruinen italienischer Herrenhäuser und Bauernhöfe, die in hellroten Pastelltönen verputzt sind. Heute wohnen Schafe

DER LIBYSCHE LÖWE – UMAR AL-MUCHTAR

Der in seiner Heimat berühmteste Libyer heißt weder Muammar al-Gaddafi noch hat er sich als selbstverliebter Revolutionsführer hervorgetan. Nein, den glänzendsten Ruhm und die größte Verehrung genießt bis heute ein Mann namens Umar al-Muchtar. Der im Jahr 1858 geborene Islamgelehrte verkörperte wie kein zweiter Mut, Unbeugsamkeit und den Widerstand gegen die Fremdherrschaft, jene Qualitäten also, derer sich viele Libyer, besonders aber die Bewohner der Kyrenaika, seit eh und je rühmen. 20 Jahre lang, zwischen 1911 und 1931, bot Al-Muchtar mit seiner überwiegend aus Anhängern der *Sanussiiya*-Bruderschaft rekrutierten Reitertruppe der Übermacht der italienischen Kolonialherren die Stirn und verwickelte diese in rund 260 Gefechte. Versteckt in den Tälern und Höhlen des „Grünen Berges", agierten die Guerillakämpfer meist im Schutze der Nacht und lockten die Besatzungstruppen immer wieder in Hinterhalte. Zum Beispiel gelang es ihnen, eine wichtige Eisenbahnlinie der Italiener zu unterbrechen, indem sie eine Brücke über das fruchtbare *Waadi al-Quuf* sprengten. An diese heroische Tat erinnern heute die rostigen Reste der Brücke und ein daran montiertes Schild mit der Aufschrift „Dies sind die Täler des heiligen Krieges und die Höhlen des Löwen al-Muchtar". Doch auch im Rest des Landes stößt man immer wieder auf Bilder des libyschen Nationalhelden.

Al-Muchtar setzte den Italienern so sehr zu, dass Mussolini im Jahr 1930 seinen besten General, Rodolfo Graziani, mit dem Befehl in die Kyrenaika schickte, den Aufstand niederzuschlagen. Und das tat Graziani mit ungeheuerlicher Brutalität. Personen, die der Kollaboration mit den Widerstandskämpfern auch nur verdächtigt wurden, befahl er kurzerhand hinzurichten. Er ließ Tausende von Zivilisten in Konzentrationslager pferchen oder in die Wüste treiben, wo sie elendig verendeten. Bei Flächenbombardements auf Dörfer und Städte ließ er Giftgas einsetzen. Bis zu 80 000 Menschen sollen damals ums Leben gekommen sein. Schließlich ließ Graziani entlang der ägyptischen Grenze einen 300 Kilometer langen Stacheldrahtzaun errichten, um die Aufständischen von ihrem Nachschub abzuschneiden – und das gelang auch.

Im September 1931 fiel Al-Muchtar, nachdem sein Pferd bei einer Schießerei gestrauchelt war, einer italienischen Patrouille in die Hände. Doch selbst als er in Ketten Graziani vorgeführt wurde, blieb er unbeugsam: „Wir Revolutionäre haben bereits geschworen, dass wir einer nach dem anderen sterben. Wir werden weder kapitulieren noch die Waffen niederlegen." Nach einem Schauprozess in Benghasi wurde er im südlich gelegenen Dorf Suluuq vor den Augen von Tausenden von Libyern gehängt. Seinem Ruhm konnte dieses tragische Ende jedoch nichts anhaben, im Gegenteil. Jedes Schulkind in Libyen kennt heute den Namen Umar al-Muchtars. Im Jahr 1980 wurde sein Leben in dem Streifen „Der Löwe der Wüste" mit Anthony Quinn in der Hauptrolle verfilmt. Und in der Kyrenaika finden regelmäßig Reiterspiele zur Erinnerung an ihn statt, bei denen junge Männer in traditionellen Gewändern über ein Feld galoppieren und alte Musketen abfeuern. Jugendliche pflegen als Mutprobe kurz vor den heransprengenden Reitern deren Bahn zu kreuzen. So können sie beweisen, dass sie ebenso große Courage besitzen wie der „libysche Löwe" – oder zumindest fast so große.

EIN VERMÄCHTNIS DES „LIBYSCHEN LÖWEN": EINE EISENBAHNBRÜCKE DER ITALIENER, IM WAADI AL-QUUF, DIE VON LIBYSCHEN AUFSTÄNDISCHEN GESPRENGT WURDE. AUF DEM SCHILD WIRD DAS HELDENTUM UMAR AL-MUCHTARS BESCHWOREN.

RECHTS: BLICK VOM GRÜNEN INS BLAUE. DIE KYRENAIKA ZEIGT SICH IN INTENSIVEN FARBTÖNEN.

ERINNERUNG AN DIE GRIECHEN: DIE RUINEN DER OST-BASILIKA IN APOLLONIA, DER ANTIKEN HAFENSTADT VON KYRENE.

darin. Rotbraune Kühe trotten gemächlich über ein Feld, auf dem junge Männer Tomaten pflücken. Hält man als Reisender an, um nach dem Weg zu fragen, wird man sogleich zum geselligen Beisammensein eingeladen, egal woher man kommt. *Itfaddalu* – bitteschön, gesellt euch dazu! – und *Ayya chidma* – jeden Dienst wollen wir euch erweisen – sind hier mehr als die üblichen arabischen Höflichkeitsfloskeln und oft wörtlich gemeint. Der Widerwille gegen jede Fremdherrschaft beeinträchtigt nicht die Gastfreundschaft.

Dabei haben die Menschen hier seit über 2000 Jahren Erfahrung mit Eindringlingen, die sie zu unterdrücken oder zu verdrängen trachten. Bereits ab dem 7. Jahrhundert v. Chr. wurde die Kyrenaika durch griechische Kolonisten von der Insel Thera, dem heutigen Santorin, besiedelt. Der antike Historiker Herodot schildert, wie es dazu kam: Das Orakel von Delphi gab dem König von Thera den Auftrag, in Libyen eine neue Stadt zu gründen, doch ignorierte der Monarch den Orakelspruch. Erst als sich die wirtschaftliche Situation auf der Insel drastisch verschlechterte, bestimmte er einige Untertanen per Los zur Auswanderung. Unter ihrem Anführer Battos ruderten diese Siedler mit zwei Schiffen übers Mittelmeer und landeten nach mehreren Umwegen im Nordosten Libyens. An einem spektakulären Felsabhang

gründeten sie die Stadt Kyrene, die später der Region Kyrenaika ihren Namen gab. Auch den mythologischen Ursprung des Namens Kyrene erklärt der Geschichtsschreiber: Er geht demnach auf eine Nymphe zurück, zu der der Gott Apollon in heißer Liebe entbrannt war. Er entführte daraufhin die Jungfrau in seinem goldenen Wagen und brachte sie von Griechenland nach Libyen, wo er eine Stadt nach ihr benannte. Soweit Herodot. Die wahren Gründe für die Suche der Inselbewohner nach neuem Siedlungsraum dürften allerdings rein wirtschaftlicher Art gewesen sein, und so passt es ins Bild, dass die Kyrenaika im 4. Jahrhundert v. Chr. zur Kornkammer Griechenlands wurde und die Stadt Kyrene zur zweitwichtigsten griechischen Stadt nach Athen aufstieg. Immer neue Kolonisten ließen sich in der fruchtbaren Region nieder und verdrängten die lokale Bevölkerung rücksichtslos in die Randgebiete der Wüste – nicht anders als die italienischen Kolonisten rund 2500 Jahre später.

Nach einer Zwischenherrschaft Alexanders des Großen und der ptolemäischen Ägypter fiel die Kyrenaika kurz vor der Zeitenwende an das Römische Reich, doch blühte in Kyrene und den anderen Städten der Region wie Apollonia, Ptolemais und Tocra das griechisch geprägte Leben weiter. Aus diesem Grund präsentiert sich die prachtvolle Ruinenstadt Kyrene heute als eine faszinierende architektonische Mischung aus griechischen und römischen Baustilen. Schon der ungleichförmige Raster der Grundstücke deutet darauf hin, dass die 15 Kilometer von der Küste entfernte Metropole in mehreren Phasen urbanisiert wurde. Zwar mussten die griechischen Siedler ihre neue Heimat aufgrund des verwinkelten Geländes in der Form einer älteren Unterstadt und einer neueren Oberstadt bauen, die Verbindungswege zwischen beiden Teilen waren steil und unpraktisch für den Verkehr. Doch der schroffe Hügel bot ihnen nicht nur Sicherheit vor Angreifern, sondern auch eine Wasserquelle. Italienische Archäologen haben bislang erst Teile des Stadtgebietes ausgegraben, aber schon diese Tempel, Theater, Wohn- und Badehäuser versetzen die Besucher in Begeisterung. Die in einem Museum ausgestellten Skulpturen zählen weltweit zu den bedeutendsten Funden aus der Antike.

Die Unterstadt wird vom zentralen Tempel des Gottes Apollon dominiert, dem Gott der prophetischen Weissagung und der schönen Künste, der eine so wichtige Rolle in der Mythologie der Stadt spielte. In der Nachbarschaft liegen die im Jahr 98 n. Chr. von dem römischen Kaiser Trajan gestifteten und nach der Zerstörung während eines Judenaufstands von seinem Nachfolger Hadrian wiederaufgebauten Thermen. Deutlich erkennt man noch heute die einzelnen Baderäume und Heizungssysteme. Auf der anderen Seite des Apollon-Tempels, zum Steilhang hin, thront das größte Theater des Stadtgebiets. Von den Griechen als halbrunder Bau angelegt, dessen aufsteigende Zuschauerränge in den Berghang eingeschlagen waren, wurde es von den Römern zu einem Amphitheater mit ovalem Grundriss umgebaut. Dazu ließen sie das alte Bühnenhaus abreißen und die Zuschauerränge mithilfe riesiger Stützkonstruktionen terrassenartig über den Steilhang hinaus erweitern – ein kleiner, aber treffender Hinweis auf die überlegene Baukunst der Römer.

Das Gesicht der Oberstadt bestimmt das Caesareon, eine riesige römische Kultstätte zu Ehren des göttlich verehrten Julius Cäsar. Umgeben von einer hohen Mauer und einer Säulenhalle, erhob sich in einem großen Innenhof einst ein Tempel für Bacchus/Dionysos, den Gott des Weines. Nebenan liegt die nach dem Anführer der ersten griechischen Einwanderer benannte Battos-Straße, an deren östlicher Seite sich die Villen wohlhabender Bürger reihten. In einigen Häuserresten haben die Archäologen fantastische Mosaiken und bunte Marmorböden ausgegraben, etwa im Anwesen des Jason Magnus. Als Oberpriester des Apollon-Heiligtums bekleidete dieser Würdenträger eines der höchsten Ämter in der Stadt, vergleichbar etwa einem Bundespräsidenten. „Ja, das war ein wichtiger Mann, dieser Jason“, sagt Schamsaddin lachend, „aber jetzt ist er tot und ich krieche auf seinem Fußboden herum. Ist das nicht

ALLTAGSLEBEN IM 5. JAHRHUNDERT: EIN MOSAIK AUS DER BYZANTINISCHEN KIRCHE VON GHASR LIBYA IM WESTEN DER KYRENAIKA ZEIGT FISCHER UND VIEHHALTUNG AM NIL. IN DER LINKEN HÄLFTE IST EIN KROKODIL DARGESTELLT, DAS SICH IN EINE KUH VERBISSEN HAT. DER BESITZER VERSUCHT NOCH, SEIN TIER ZU RETTEN.

komisch?" Der 25-Jährige, der in Jeans und aufgekrempeltem Oberhemd zwischen Erdhaufen kniet, studiert an der Universität Al-Beidha und opfert seine Semesterferien, um zusammen mit zwei italienischen Archäologen und drei weiteren libyschen Studenten Kyrene weiter auszugraben. „Nach der Schule habe ich mich nach einem Job umgeschaut, und da lagen die antiken Ruinen quasi direkt vor meiner Haustür", erzählt er, „also habe ich ein Archäologie-Studium begonnen. Diese Arbeit ist wirklich etwas Besonderes und außerdem sehr vielseitig. Manchmal ist es leicht, wenn man zum Beispiel einen verschütteten Brunnen ausgräbt. Und ein anderes Mal ist es hart, etwa wenn man in der Septembersonne mit Spitzhacke und Schaufel nach einem römischen Mosaik sucht, aber nicht genau weiß, in welcher Tiefe es sich befindet. Dann stocherst du dort eeewig rum". So wie heute. Aber Schamsaddin lässt sich von den Mühen der Arbeit nicht entmutigen. „Grundsätzlich ist der Beruf des Archäologen klasse. Aber hier in Libyen kann man ihn nur schwierig erreichen, weil die Ausbildung nicht so gut ist", sagt er. „In Europa lernt man dafür Latein, Französisch und Englisch und zudem die griechische, römische und byzantinische Geschichte. Hier dagegen gibt es noch nicht einmal genügend Englisch-Kurse. Aber ich mache trotzdem weiter." Dann nickt er seinem Kommilitonen Abdurrahman aufmunternd zu und beugt sich wieder über die Erdhaufen.

Etwas abseits der anderen Ruinen liegt das größte Heiligtum von Kyrene: der Zeus-Tempel aus dem frühen 6. Jahrhundert v. Chr. Mit seinen Ausmaßen von 32 mal 70 Metern ist er fast so groß wie der berühmte Parthenon auf der Akropolis in Athen. Da der Tempel allerdings bis in die römische Zeit hinein immer wieder umgebaut wurde und die Archäologen beim Wiederaufbau des Gebäudes Relikte verschiedener Bauphasen verwendeten, präsentiert er sich heute in einer Gestalt, die so in der Antike nie existiert hat. Authentischer sind die antiken Friedhöfe: In den Felsen rund um die Stadt verbergen sich Hunderte von Höhlen, in denen die Einwohner einst ihre Toten bestatteten; noch heute kann man einzelne Gräber und Steinsarkophage sehen. Die beiden berühmtesten Söhne der Stadt sind dort allerdings nicht beerdigt: Der Mathematiker Eratosthenes (ca. 275–194 v. Chr.), der als erster den Umfang der Erde mit großer Genauigkeit berechnete, wanderte nach Ägypten aus und starb dort. Und auch der im Neuen Testament erwähnte Simon von Kyrene, der sich um die Zeitenwende in Jerusalem aufhielt und von römischen Wachsoldaten gezwungen worden sein soll, dem unter der Last zusammengebrochenen Jesus das Kreuz abzunehmen, verbrachte seinen Lebensabend vermutlich außerhalb seiner Heimat.

Interessanterweise diente die Kyrenaika zwar als Kornkammer Griechenlands, doch die wirtschaftliche Grundlage der Stadt Kyrene stellte nicht etwa der Korn- oder Olivenanbau dar – wie in so vielen anderen antiken Städten –, sondern eine ganz besondere Pflanze, die heute gar nicht mehr existiert: Die Silphion-Staude war ein dem Fenchel und Stink-Asant verwandtes Korbblütlergewächs, das praktisch nur in der Kyrenaika wuchs und im gesamten Mittelmeerraum als Gewürz, vor allem aber als Aphrodisiakum

ZAUBER DER ANTIKE IN KYRENE.
LINKS: ITALIENISCHE UND LIBYSCHE ARCHÄOLOGEN GRABEN DIE RIESIGE GRIECHISCHE RUINENSTADT AUS. NOCH GROSSE TEILE DER EHEMALIGEN METROPOLE LIEGEN UNTER DER ERDE.
UNTEN: EIN LÖWE DES APOLLON-TEMPELS BEÄUGT DIE BESUCHER.

geschätzt wurde. Die Kyrener kontrollierten den Handel mit dieser wertvollen Pflanze und verdienten so viel daran, dass ihre Stadt in Reichtum erblühte. Ja, die Staude spielte eine so überragende wirtschaftliche Rolle, dass sie sogar statt der Porträts von Regenten auf die lokalen Münzen geprägt wurde. Anhand dieser Abbildungen konnte man das Gewächs recht genau botanisch bestimmen. Durch Raubbau war die Pflanze, die sich offenbar der Kultivierung widersetzte und nur wild geerntet werden konnte, jedoch bereits in der frühen römischen Kaiserzeit ausgerottet. Der römische Historiker Plinius berichtet, dass die letzte Silphion-Staude dem Kaiser Nero (reg. 54–68 n. Chr.) geschenkt worden sei. Mitte des 3. Jahrhunderts n. Chr. waren als Folge der politisch-ökonomischen Krise, die das gesamte Römische Reich erfasst hatte, überall in der Kyrenaika Zeichen des Niedergangs auszumachen, hinzu kamen Missernten und immer häufiger Überfälle durch einheimische Nomaden. Zudem wurde die Kyrenaika, wie auch Tripolitanien (s. *Tripolitanien – Das Erbe der Antike*, Seite 66) und viele andere Mittelmeerregionen im Jahr 365 n. Chr. von einem schweren Erdbeben erschüttert. Dieses Beben habe die Erde „wie ein scheuendes Pferd erzittern und alle

DER APOLLON-TEMPEL, DAS ZENTRALE HEILIGTUM IN DER UNTERSTADT VON KYRENE: GRIECHISCHE KOLONISTEN VON DER INSEL THERA (HEUTE SANTORIN) GRÜNDETEN IM 6. JAHRHUNDERT V. CHR. DIE STADT AN EINEM SPEKTAKULÄREN FELSABHANG. BEI GUTER SICHT HAT MAN EINEN BLICK BIS ZUM MEER.

UNTEN: ABENDSTIMMUNG AM HAFENBECKEN VON TUBRUQ: DIE STADT WAR IM ZWEITEN WELTKRIEG HEFTIG UMKÄMPFT. HEUTE IST SIE EIN WICHTIGER HANDELSPLATZ FÜR DEN WARENUMSCHLAG ZWISCHEN LIBYEN UND ÄGYPTEN.

libyschen Städte über ihr zusammenbrechen" lassen, notierte ein Zeitzeuge. Auch die Stadt Kyrene wurde stark beschädigt. Doch in die Bedeutungslosigkeit fiel die Stadt erst, nachdem sie im Jahr 643 n. Chr. von den arabisch-muslimischen Truppen des Uqba bin Nafi' überrannt wurde (s. *Ein Bote des Islams – Uqba bin Nafi'*, Seite 197), denn die Araber erkoren Barke, das spätere Al-Mardsch, zur neuen Regionalhauptstadt.

Der griechische Einfluss ist in der Kyrenaika allerdings bis heute zu spüren. Manche Menschen sprechen Griechisch als Zweitsprache, hellhäutige Physiognomien sind keine Seltenheit, und über Mittelwelle hören viele Jugendliche griechische Pop-Musik. Auch im Basar von Benghasi tönt ein griechischer Sender aus dem Radio eines fliegenden Händlers. Um die Auslage drängt sich ein halbes Dutzend Jungs und berauscht sich an schnittigen Turnschuhen und glitzernden Armbanduhren, allesamt billige Kopien europäischer Markenprodukte. Will einer von ihnen zum Beispiel ein Paar Schuhe mit dem aufgedruckten Namen „Adidos" erstehen, nennt der Händler seinen Preis – und der Kunde akzeptiert ihn oder geht weiter. Das in fast allen anderen

DER EINSTIGE TODFEIND HAT SICH DURCHS HINTERTÜRCHEN DES MASSENKONSUMS INS LAND GESCHLICHEN: DER SCHRIFTZUG „FBI" AUF DEM T-SHIRT DES VERKÄUFERS IM SUQ (BASAR) VON BENGHASI HAT EHER LÄSSIGE ALS IDEOLOGISCHE BEDEUTUNG. DIE KLASSISCHEN ORIENTALISCHEN MÄRKTE SIND IN DEN LIBYSCHEN STÄDTEN EHER SELTEN.

arabischen Ländern übliche Feilschen ist in Libyen weitgehend unüblich. Auch die Schneider aus dem Sudan, die vor dem Eingang des Basars an ihren vorsintflutlichen Nähmaschinen hocken und pausenlos eingerissene Oberhemden und aufgescheuerte Hosen nähen, haben feste Preise. Anders als die urbanen Zentren der arabischen Welt – wie Kairo, Damaskus oder Fès – liegen die libyschen Städte seit Jahrhunderten an der Peripherie des politischen, gesellschaftlichen und wirtschaftlichen Geschehens. Libyen, das war meistens die Provinz, weshalb sich die Regeln des Güteraustauschs eher an den nomadischen als an den städtischen Sitten orientierten. Die sozialistisch inspirierten Wirtschaftserlasse Gaddafis in den siebziger Jahren taten ein Übriges. Zeitweise versuchte der Revolutionsführer den Geldverkehr durch eine reine Tauschwirtschaft zu ersetzen (s. *Von der Revolution zur Folklore,* Seite 48). Natürlich scheiterte er damit, doch gelang es ihm immerhin, aus Libyen einen vergleichsweise egalitären Staat zu machen. Mittlerweile wächst der privatwirtschaftliche Sektor langsam, aber stetig, und es gibt viele Menschen, die sich über die Verteilung der Güter erregen, vor allem in der Kyrenaika. „Libyen ist eigentlich ein reiches Land, wir haben so viel Öl! Aber die Bevölkerung bekommt nur wenig davon", sagt der Kleinunternehmer Ahmad, „wir fahren uralte Autos, unsere Krankenhäuser sind schlecht und unsere Löhne erbärmlich. Wer kann denn von 100 Euro im Monat leben? Das System ist einfach ungerecht. Aber wenn wir öffentlich Kritik äußern, droht uns das Gefängnis." Dabei geht es den Einheimischen noch vergleichsweise gut. Die Entlohnung der ägyptischen Gastarbeiter, die in Benghasi, Derna und Tubruq an Straßenkreuzungen hocken und ihre Dienste als Maurer, Maler oder Eisenschneider anbieten, ist noch viel geringer.

Vor allem Tubruq, in Europa auch als Tobruk bekannt, ist eine Hochburg der Auslandsägypter, die zum Geldverdienen kommen, da es in ihrem nur wenige Kilometer entfernten Heimatland noch weniger Jobs gibt. Die an einem großen Naturhafen gelegene Stadt ist der Hauptort der Marmarika, einer aus dem „Grünen Berg" auslaufenden, weitgehend kahlen Steppenlandschaft. In diesem Gebiet tobten vor rund 60 Jahren erbitterte Schlachten. Nachdem die Briten 1941 Tubruq von den Italienern erobert hatten, ließ Adolf Hitler im Geheimen das deutsche Afrikakorps zusammenstellen, um Benito Mussolini zu Hilfe zu eilen. Erwin Rommel wurde zum Oberbefehlshaber der Wehrmacht-Truppen ernannt und konnte dank seines taktischen Geschicks im Wüstenkrieg einige Siege gegen die Commonwealth-Truppen, vor allem Australier und Briten, erringen. Seine Erfolge brachten ihm die Beförderung zum Generalfeldmarschall und den Spitznamen „Wüstenfuchs" ein. Für viele einfache Soldaten geriet der Einsatz in der unwirtlichen Gegend allerdings eher zum Abenteuer denn zum Heldenstück. Einige Kriegsteilnehmer haben in ihren Erinnerungen beschrieben, wie

LINKS: BAUKUNST FÜR DEN ALLMÄCHTIGEN: EINES DER GRÖSSTEN GOTTESHÄUSER LIBYENS, DIE MOSCHEE ABU BAKR AS-SADIQS AUS DEN SIEBZIGER JAHREN IN AL-MARDSCH AL-DSCHADIID. NACHDEM EIN SCHWERES ERDBEBEN IM JAHR 1962 DIE ALTE STADT AL-MARDSCH VÖLLIG ZERSTÖRT HATTE, WURDE DIESE AUFGEGEBEN. WENIGE KILOMETER WEITER WURDE UNTER DEM NAMEN „DAS NEUE AL-MARDSCH" EIN NEUER ORT ERRICHTET.

sie wochenlang mit ungefederten Krädern über Steppe, Sand und ausgetrocknete Salzseen rumpelten und durch Sandstürme irrten, gepeinigt von Hunger und Durst, Tageshitze und Nachtkälte, von Ersatzteilmangel und dem oft „unsichtbaren" Feind. Im Sommer 1942 gelang es Rommel, bis nach Al-Alamain im Nordwesten Ägyptens vorzudringen, doch konnten seine Truppen das besetzte Tubruq nicht dauerhaft halten. Die Stadt wechselte mehrmals die Seiten, mit dem Resultat Tausender von Toten. Auch im südlich von Tubruq gelegenen Bir al-Hakiim (Bir Hakeim), einem unbedeutenden, aber strategisch wichtigen Weiler, lieferten sich deutsche Truppen mit freifranzösischen und britischen Einheiten erbitterte Gefechte. Schließlich trugen die Commonwealth-Truppen unter General Bernard Montgomery im Juni 1942 den Sieg davon. Rommel musste sich nach Tunis zurückziehen und kehrte Anfang 1943, noch vor der endgültigen Kapitulation des Afrikakorps, nach Deutschland zurück.

Die Toten sind geblieben. Rund um Tubruq wurden über 12000 Soldaten bestattet, die bei den Schlachten des Zweiten Weltkriegs in der Kyrenaika und der Marmarika ihr Leben ließen. Über 6000 sind es auf den beiden Commonwealth-Friedhöfen, ebenfalls über 6000 liegen im deutschen Ehrenmal begraben, einige Hundert ruhen auf dem freifranzösischen Soldatenfriedhof. Die genaue Zahl der getöteten Soldaten und Zivilisten ist unbekannt, sie dürfte bei etwa 15 000 liegen. Die Libyer achten das Andenken der Ausländer, die auf ihrem Boden ihr Leben ließen, und helfen bei der Pflege der Friedhöfe (s. *Wächter der Toten*, Seite 158). Doch die Grabstätten animieren auch zur Kritik. „Wir Libyer haben keine großen Ehrenmale für unsere gefallenen Soldaten", sagt etwa der 26-jährige Muhammad, „dabei gibt es Tausende, die zum Beispiel im Tschad-Krieg in den achtziger Jahren gestorben sind. Aber nirgendwo wird ihrer Namen gedacht, die Regierung versucht sie totzuschweigen, weil der Tschad-Feldzug ein Desaster war. Wenn die Verwandten der Toten sich bei den Behörden nach ihnen erkundigen, bekommen sie meist nur eine ausweichende oder gar keine Antwort." Muhammad wäre kein Sohn der Kyrenaika, würde er dieses Verhalten der Regierung nicht tadeln. Schließlich gehört Kritik an den Herrschenden hier zum Lebensstil.

OBEN: BEDEUTUNGSSCHWERES GEBÄUDE: DIE IN DEN DREISSIGER JAHREN VON DER ITALIENISCHEN KOLONIALMACHT ERRICHTETE KATHEDRALE IN BENGHASI DIENTE DEN FREIEN OFFIZIEREN UNTER OBERST GADDAFI NACH DER REVOLUTION VON 1969 ALS VERSAMMLUNGSORT. ES GIBT PLÄNE, SIE DEREINST IN EINE MOSCHEE UMZUWANDELN.

WÄCHTER DER TOTEN

Muhammad Hanesch ist umgeben von Toten. „Ich fühle mich hier wohl", sagt er und lacht. „Seit meiner Kindheit kenne ich hier jeden Stein, dies ist mein Platz." Dieser Platz heißt Knightsbridge War Cemetery und ist nach dem deutschen Ehrenmal der zweitgrößte Soldatenfriedhof in der Region um Tubruq. 3649 Armeeangehörige aus Staaten des Commonwealth sind hier in Reih und Glied begraben, die meisten wurden nicht einmal 25 Jahre alt. Sie starben in den Schlachten des Zweiten Weltkriegs, als Deutsche und Italiener in der Kyrenaika und der Marmarika mit Australiern, Briten, Indern und anderen Commonwealth-Soldaten sowie Franzosen in verlustreichen Gefechten um jeden Meter Boden rangen. Neben Christen sind auch zahlreiche Juden und Muslime unter den Toten, was durch Davidsterne oder Halbmonde anstelle des Kreuzes auf den Grabsteinen kenntlich gemacht ist. Die Worte auf den Stelen ähneln sich hingegen: Name, Dienstgrad und Einheit, Todesdatum und Alter. Seite an Seite liegen dort etwa der Offizierspilot J. S. Cleaver, Aufklärer der Royal Air Force, gefallen am 18. September 1940 im Alter von 24 Jahren, und der Korporal N. Rosenthal, der am 23. November 1941 als 23-Jähriger ums Leben kam. Von manchen ihrer Kameraden sind weder die Namen noch sonstige Daten bekannt, bei ihnen steht schlicht „Ein Soldat". Wer einige Zeit lang zwischen den Gräbern umhergeht, mag die Tragik all dieser viel zu kurzen Leben erahnen. Es ist ein erschütternder Ort.

„Ich liebe meine Arbeit hier", sagt Muhammad, „denn hier tue ich etwas Sinnvolles". Der 52-Jährige ist seit 35 Jahren Wächter des Friedhofs und hält, unterstützt von seiner Frau und seinen neun Kindern, die Gräber, Blumenbeete und Kieswege sauber und ordentlich. „Als Muslim ist es für mich eine Pflicht, die Gräber der hier gestorbenen Christen und Juden zu pflegen. Schließlich sind wir im Himmel alle gleich, auch wenn wir auf Erden einen unterschiedlichen Glauben haben", sagt er. Durch seine Arbeit hat er Freunde in der ganzen Welt gefunden, denn jedes Jahr kommen bis zu 2000 Nachfahren der Gefallenen hierher, um der Toten zu gedenken. Dann führt Muhammad die Besucher zu den Grabsteinen und erklärt ihnen, was sich vor 60 Jahren rund um Tubruq zugetragen hat. Dazu malt er das Schlachtenszenario und den wechselnden Frontverlauf mit einem Stöckchen in den Sand. „Wir bemühen uns sehr darum, den Friedhof in gutem Zustand zu halten", sagt er, „aber eigentlich ist es egal, ob das Grab eines Menschen gepflegt ist oder nur aus einem kleinen Stein besteht. Denn wie der Koran lehrt, werden unsere Körper aus Staub geschaffen und zerfallen nach dem Tod wieder zu Staub. Die Seele aber steigt sofort zu Gott in den Himmel auf. Ob jemand ein einfacher Bauer oder ein Generaldirektor war, spielt keine Rolle. Wichtig ist nur, dass die Lebenden der Verstorbenen gedenken." Genau deshalb liebt er seinen Beruf.

A SOLDIER
OF THE
1939 - 1945
WAR
U.D.F.
KNOWN UNTO GOD
A SOLDIER
OF THE
1939 - 1945
WAR

Libysche Wüste

DAS WUNDER DER EWIGKEIT

Der Südosten Libyens zählt zu den trockensten Regionen der Erde. Sanft geschwungene Dünen, schwarze Vulkankrater und endlose Kiesebenen prägen das Gesicht der Sahara. Unter dem ewigen Sand lagern immense Schätze.

الصحراء الليبية

VORHERIGE DOPPELSEITEN: SAND SO WEIT DAS AUGE REICHT: ABENDSTIMMUNG AUF DEN DÜNEN DER RAMLAT RABYAANA, DES GROSSEN SANDMEERES IM ZENTRUM DER LIBYSCHEN WÜSTE. DIE REGION ZÄHLT ZU DEN TROCKENSTEN DES PLANETEN – SELBST TIERE WIE KAMELE HINTERLASSEN HIER NUR SELTEN IHRE SPUREN.

Die Ewigkeit ist schwarz. Soweit das Auge reicht, glänzt der feine Aschesand in der grellen Sonne, nur einzelne Rußbrocken geben dem Blick einen Halt. Von diesem Ort ist alles Leben entflohen. Nur ein fauchender Westwind hält das Gefühl für die Kontur der Zeit wach, sonst ist alles endlos, öd und leer: der Boden, die Luft, der Raum. Wüsste man nicht, dass es Flüsse, Meere, Pflanzen gibt, man könnte daran zu zweifeln beginnen. Hier scheint die Erde unbewohnbar wie der Mond. Unwillkürlich stellt sich ein Gefühl des Durstes und der Verlassenheit ein. Der Untergrund steigt leicht an, führt an eine sanfte Kuppe – und dann liegt er dort plötzlich in all seiner majestätischen Schönheit und labt den Betrachter so überreichlich mit Glück und Rührung, dass man wie angewurzelt stehen bleibt: der *Wau an-Namuus*. Der Name des erloschenen Vulkans, der „Mücken-Krater" bedeutet, mag profan sein, doch seine Gestalt grenzt an Heiligkeit. In einem fünf Kilometer breiten, schwarzen Kessel erhebt sich ein Kegel aus erkalteter Lava und einzelnen gelben Schwefelbrocken. Drum herum, inmitten des fluoreszierenden Aschesands, liegen vier anmutige Seen: tiefblau der eine, dunkelgrün ein anderer, rotgelb ein weiterer, hellblau der vierte. Im dichten Uferschilf zirpen Grillen, ein Schwarm weißer Blasshühner flattert durch die Lüfte. Mitten in der Wüste. Zwei beschwerliche Tagesreisen von der nächsten menschlichen Behausung entfernt.

Das Wunder des *Wau an-Namuus* mag wissenschaftlich weitgehend erklärbar sein, begreifen kann man es nur mit der Seele. Wer diese Vulkanlandschaft gesehen hat, wird die Natur anders wahrnehmen. Wer obendrein einen vollen Tag lang durch den Kessel, hinauf auf den Kegel und wieder hinunter, über die Aschebrocken und am Ufer der Seen entlang gewandert ist, um schließlich mit letzter Kraft die Kesselwand wieder zu erklimmen, umschwirrt von Beißfliegen, gepeinigt von der Sonnenhitze, aber ergötzt von der Schönheit vor seinen Augen, der wird die Erinnerung an diesen Ort fortan in sich tragen. Die grazile und zugleich bedrohliche Macht dieses Naturwunders ist unvergesslich. Ab und zu ziehen Windhosen über den Boden und wirbeln den Aschesand auf, so als würde ein unsichtbarer Maler einen riesigen Pinsel schwingen. Tatsächlich könnte diese

DAS NATURWUNDER DES WAU AN-NAMUUS, EINES ERLOSCHENEN VULKANS IM SÜDWESTEN DER LIBYSCHEN WÜSTE. DA DER KRATER UNTER DEM GRUNDWASSERSPIEGEL LIEGT, HABEN SICH MEHRERE SEEN GEBILDET, DIE AUFGRUND VERSCHIEDENER MINERALIEN UND WECHSELNDEN LICHTEINFALLS IN DEN FARBEN BLAU, GRÜN UND ORANGEROT LEUCHTEN.

Landschaft auch von einem Surrealisten gemalt worden sein. Oder von einem Gott geschaffen. Während man über das Mysterium der Urkraft staunt, bekommt man eine Ahnung von der Unendlichkeit der Zeit. Rund anderthalb Millionen Jahre sind vergangenen, seit der Vulkan ausgebrochen ist und seine Lava 25 Kilometer weit in die Wüste geschleudert hat. Die erkaltete Asche erstickte jedes Leben, sogar jene Kleintiere und winzigen Keime, die sonst dem ewigen Sand trotzen. Nur im Kessel, der Caldera, konnte sich die Flora dank der Seen, die sich aus Grundwasser speisen, gegen das tote Gestein behaupten. Durchzogen von Algen und Mineralien schimmern die Gewässer in unterschiedlichen Farbtönen.

UNTEN: EINER DER SEEN IM KRATER DES WAU AN-NAMUUS.

300 Kilometer nordwestlich des *Wau an-Namuus* gibt es keine Farben außer einer: Dunkelgelb. Links, rechts, vorne, hinten – wohin man auch schaut: Die Erde ist eine spiegelglatte, dunkelgelbe Fläche aus staubfeinem Sand. Zumindest scheint es so. Weil es sich hier nicht an Konturen von Pflanzen oder Steinen festhalten kann, verliert das menschliche Auge im gleißenden Sonnenlicht seine Orientierung. Ein unheimliches Gefühl. Als Autofahrer erkennt man nicht mehr, ob man bergauf, bergab oder geradewegs auf eine steile Düne zurast. Einige Reisende sollen so in den Tod gefahren sein.

Wiederum 400 Kilometer östlich, am Rande des Sandmeeres *Ramlat Rabyaana,* wirft die Abendsonne 30 Meter lange Schatten auf den orange schimmernden Sand. Der Wind verstummt, und die Stille legt sich wie eine Glocke über die sanft geschwungenen Dünen. Während am Firmament das von keinem künstlichen Licht getrübte Feuerwerk der Sternschnuppen beginnt, hört man nur noch ein einziges Geräusch: das Rauschen des eigenen Blutes in den Ohren.

Entgegen weit verbreiteter Annahmen ist die Wüste keinesfalls eintönig. Sie kann die unterschiedlichsten Gestalten annehmen, und einige ihrer schönsten Formen offenbart sie in der Sahara, der mit neun Millionen Quadratkilometern Fläche größten Wüste des Erdballs. Seit sie sich vor etwa 5500 Jahren mehr oder weniger zu einer Vollwüste gewandelt hat, bedeckt sie den größten Teil Nordafrikas: 6000 Kilometer vom Atlantik bis zum Roten Meer und 2000 Kilometer vom Mittelmeer bis zur Sahelzone. Ihr trockenster Abschnitt trägt den Namen Libysche Wüste. In diesem rund zwei Millionen Quadratmeter großen Gebiet, das neben dem Südosten Libyens auch den äußersten Westen Ägyptens und den Nordwesten des Sudans einschließt, fände ganz Westeuropa bequem Platz. Die Region zählt zu den niederschlagärmsten der Erde. Manchmal fällt jahrzehntelang kein Regen, die Luftfeuchtigkeit liegt im unteren einstelligen Bereich. Im Sommer herrschen tagsüber Temperaturen bis zu 55 °C, nachts kühlt es stark ab, da es über der Sahara keine Wolkendecke gibt, die die Wärme am Boden halten würde. So kommt es zu Temperaturschwankungen von bis zu 50 °C, wodurch das Gestein nach und nach in immer kleinere Teile birst. Durch die Verwitterung des Schotters und des Kieses entsteht schließlich der Sand, der vom Wind fortgetragen wird und sich an Erhebungen in der Landschaft sammelt. Das ist die Geburtsstunde der berühmten Sanddünen, deren Wanderungen Ladislaus Almásy genau beschrieben hat. Der ungarische Forscher maß in den dreißiger und vierziger Jahren per Auto und Flugzeug die letzten unbekannten Flecken in der östlichen Sahara aus und gelangte durch den Film „Der englische Patient" posthum zu Ruhm. In seinen Reiseaufzeichnungen schreibt er: „Die Dünen der großen

OBEN UND RECHTS: DER SAND KENNT KEINE GRENZEN: DAS SANDMEER DES IDHAAN MURSUQ IM FESAAN GEHT IN DIE GROSSE LIBYSCHE WÜSTE ÜBER. AN DEN AUSLÄUFERN DER DÜNEN HAT DER GERINGE NIEDERSCHLAG EIN SPÄRLICHES GRÜN SPRIESSEN LASSEN. KAMELE SCHÄTZEN ES ALS WILLKOMMENEN LECKERBISSEN.

NÄCHSTE DOPPELSEITE: SAND KANN MANNIGFACHE FORMEN ANNEHMEN: WINDE FORMEN IHN ZU MAL SYMMETRISCHEN, MAL BIZARREN STRUKTUREN. WENN DIE OBERFLÄCHE NACH DEN SELTENEN NIEDERSCHLÄGEN WIEDER TROCKNET, BRICHT SIE SCHERBENGLEICH AUF.

Sandsee sind die bei weitem höchsten in der ganzen Sahara. Sie werden durch den Nordwind geschaffen und durch den Westwind geformt. Unter dem Einfluss des Nordwindes, der in der Libyschen Wüste vorherrschend ist, rücken die einzelnen Ketten in ihrer Längsrichtung stetig gegen Süden vor, ohne dabei ihre Form wesentlich zu verändern. Gleichzeitig werden sie durch die bedeutend seltener auftretenden Westwinde in ihrer Querrichtung gegen Osten gewälzt, wobei ihr Aufbau einem ständigen Formenwechsel unterworfen ist. Wir wissen heute, dass die Nordsüd-Wanderung der Dünen in der Großen Sandsee jährlich etwa 15 Meter beträgt, die Bewegung in westöstlicher Richtung erreicht dagegen nach den bisherigen Feststellungen kaum 1 Meter im Jahr. Der Sand der Westseite wird – bei Westwind – unablässig von unten nach oben bis zur Höhe des Kamms hinaufgeweht. Von dort rieselt er über die östliche Steillehne zum jenseitigen Dünenfuß hinunter. Der aufwärts strebende Sand ist stets lose, hierdurch erklären sich die breiten haltlosen Streifen am Fuß des Westhangs." (Ladislaus E. Almásy: Schwimmer in der Wüste. München 1999, Seite 262–263.)

Die Sandmeere, von denen Almásy spricht, sind wohl die bekannteste Gestalt der Sahara, obwohl sie nur 20 Prozent ihrer Fläche bedecken. In Libyen heißen sie *Idhaan* oder *Ramla* („Sand"). Allein der *Idhaan Mursuq* im Fesaan ist so groß wie die Schweiz, die *Ramlat Rabyaana* in der Libyschen Wüste ist kaum kleiner. Daneben gibt es viele andere Feinkies-Tiefebenen, die in der Libyschen Wüste Tausende von Quadratkilometern groß sind. Dort kann man tagelang geradeaus fahren, ohne auch nur einem einzigen Menschen zu begegnen. Die wenigen Touristen, die diese lebensfeindlichen Wüstengebiete durchqueren, nutzen zur Orientierung das satellitengestützte Global Positioning System (GPS) und Wegmarken wie alte Reifen oder leere Benzinkanister. Doch es geht auch anders. Ein Einheimischer wie Hadsch Ali, der aus Temissa stammt und die Libysche Wüste seit seiner Kindheit kennt, braucht kein GPS. Zwar findet er nicht jeden Ort auf Anhieb, aber mit etwas Geduld kommt er ohne technische Hilfe an sein Ziel. Der 65-Jährige orientiert sich an kleinsten Auffälligkeiten im Gelände, etwa besonders feinem Sand, am Stand der Sonne oder an den Winden. „Einer der gefährlichsten Gefährten der Wüste ist der *Hashaas*," sagt Hadsch Ali, „ein südöstlicher *Gibli*-Wind, der sich im Frühjahr und im Herbst binnen Minuten in einen Sandsturm verwandeln kann. Manchmal bleibt er nur eine Viertelstunde, ein anderes Mal mehrere Tage. Wer ihm schutzlos ausgesetzt ist, muss um sein Leben kämpfen." Noch ein weiterer Wind birgt Gefahren: der zu Herbstbeginn aufziehende *al-Gharbi*, „der Westliche". Seine sehr kalte Luft schädigt vor allem Tiere; ganze Kamelherden können ihm zum Opfer fallen. Beliebt ist dagegen der sommerliche *al-Bahri*, „der vom Meer" wehende Nordwind. Er trägt eine willkommene leichte Brise über die Wüste. Und er formt die Dünen, wie es Almásy beschrieben hat.

LINKS: NICHTS ALS DAS RAUSCHEN IN DEN OHREN: WEIL ES SICH NICHT AN KONTUREN VON PFLANZEN ODER STEINEN FESTHALTEN KANN, VERLIERT DAS MENSCHLICHE AUGE IM GLEISSENDEN SONNENLICHT DER WÜSTE RASCH SEINE ORIENTIERUNG. DIE LIBYSCHE WÜSTE ZÄHLT ZU DEN SCHÖNSTEN UND ZUGLEICH RISKANTESTEN GEBIETEN NORDAFRIKAS.

Formen der Wüste. Da sind zum Beispiel die *Hamaadas*, die Hochplateaus aus Fels und Schutt. Eines der bekanntesten ist die *Hamaada al-Hamra* aus rötlichem Gestein, die den Fesaan von Tripolitanien trennt. Nur unter größten Mühen ist ein *Hauruudsch*, eine schwarze Basalt- oder Lavawüste, zu durchqueren. Stundenlang kann man etwa in einem Geländewagen über die schwarzen Steinbrocken des *Masaak Mallaat* im Fesaan hoppeln und legt dabei doch nur wenige Kilometer zurück. Am Abend kennt man jeden einzelnen seiner Knochen. Die bei weitem größten Flächen der Sahara nehmen aber nicht Sanddünen, Schuttfelder oder Steinbrocken ein, sondern die *Sariirs*, ausgedehnte

Dort, wo heute Ödnis herrscht, war nicht immer Trockenheit. Aufgrund von Klimaveränderungen und Bodenverschiebungen war das Gebiet der Sahara im Verlauf der Erdgeschichte mehrmals mit Wasser bedeckt. Noch heute findet man vielerorts in der Libyschen Wüste versteinerte Tierskelette und Schalen von Meerestieren. Das Wasser ist keinesfalls vollständig gewichen. Bei ihren Bohrungen auf der Suche nach Erdöl fanden ausländische Unternehmen in den sechziger Jahren unter den *Sariirs* gigantische Vorkommen fossilen Wassers. Es stammt aus unterirdischen Seen, die sich nach der letzten Eiszeit vor 20 000–30 000 Jahren gebildet haben. Dieses Wasser ist möglicherweise

OBEN LINKS: RELIKTE DER GESCHICHTE: EIN GESTRANDETER MILITÄRLASTER DER ITALIENER AUS DEM ZWEITEN WELTKRIEG. DIE GLÜHENDE SONNE HAT DAS BLECH GESCHWÄRZT.

OBEN MITTE UND RECHTS: RECHTS VOR LINKS GILT AUCH IN DER WÜSTE – ZUMINDEST AN BESTIMMTEN STELLEN: AUF DEN ERDÖLFELDERN RUND UM DIE OASE IDSCHCHARRA.

UNTEN: KENNER DER WÜSTE – AUCH OHNE GPS: HADSCH ALI ORIENTIERT SICH AN KLEINSTEN AUFFÄLLIGKEITEN IM GELÄNDE, WIE BESONDERS FEINEM SAND, DEM STAND DER SONNE ODER VERSCHIEDENEN WINDEN.

Libyens wichtigstes Kapital, noch vor dem Öl und dem Gas. Denn gemessen an den erneuerbaren Vorräten ist Libyen der wasserärmste Staat des Maghrebs. Ohne technische Hilfestellung sind nur vier Prozent der Landesfläche landwirtschaftlich nutzbar. Jedes Jahr müssen Tonnen von Getreide, Gemüse und Obst für die rasch wachsende Bevölkerung importiert werden. Auch Meerwasserentsalzungsanlagen können das Problem allein nicht lösen, weil sie sehr teuer sind und dem gefilterten, entmineralisierten Meerwasser ein hoher Prozentsatz von Süßwasser beigemischt werden muss, um es für Menschen genießbar zu machen.

Um die Wasserknappheit zu beheben und sein Land unabhängiger zu machen, propagierte Revolutionsführer Gaddafi Anfang der achtziger Jahre ein gigantisches Bauprojekt: den „Großen Künstlichen Fluss", auf Arabisch *An-Nahr as-Sinaa'i al-Asiim*. Der Gedanke ist so einfach wie bestechend: Das nutzlos unter dem Wüstenboden lagernde, in Sandstein gelöste Wasser soll an die Küste gebracht werden, wo nicht nur 90 Prozent der libyschen Bevölkerung leben, sondern auch die einzige Möglichkeit zu großflächigem Agraranbau besteht. Soweit die Idee. Ihre Umsetzung ist jedoch hoch kompliziert, verschlingt mit geschätzten Gesamtkosten von 25 Milliarden US-Dollar bis heute einen Großteil der libyschen Staatseinnahmen und ist noch lange nicht abgeschlossen. Die größten Wasservorkommen lagern bei Taserbu, Sariir und Al-Kufra mitten in der Libyschen

Wüste sowie um den Höhenzug *Dschabal al-Hasauna* im Fesaan – Hunderte von Kilometern von der Küste entfernt. Die gewaltigen Distanzen sollen durch Wasserleitungen aus sieben Meter langen, bis zu vier Meter breiten und über 70 Tonnen schweren Röhren überbrückt werden. Die anvisierte Gesamtstrecke der Röhren beträgt sage und schreibe 3500 Kilometer. Allein die dafür benötigten fünf Millionen Tonnen Zement würden für eine Autobahn von Tripolis bis Bombay reichen. Der zur Stabilisierung in die Röhren eingeflochtene Draht könnte den Erdball 280 Mal umspannen. Die erste Bauphase, die rund 230 Brunnen auf den Förderfeldern in Taserbu und Sariir mit der Kyrenaika verbindet, ist bereits fertig gestellt; das Wüstenwasser sprudelt südlich von Benghasi in der Kyrenaika in riesige Auffangbecken. Allein für diese Strecke wurden 250 000 Röhren verbaut. Der Aufwand erschließt sich erst dann, wenn man weiß, dass für den Transport jeder einzelnen Röhre ein eigener Sattelschlepper benötigt wird. Und dass eigens für die Sattelschlepper 2000 Kilometer neue Asphaltstraßen durch die Wüste gebaut werden mussten. Anhand dieser Zahlen wird deutlich, dass der libysche Staat eines der aufwändigsten und teuersten Entwicklungsprojekte der Welt gewagt hat.

Wie lang das Wüstenwasser reichen wird, ist jedoch umstritten. Schätzungen schwanken zwischen 20 und 100 Jahren, realistisch sind wohl maximal 50 Jahre. Zu den zeitlichen Unwägbarkeiten kommen immense technische Probleme, die das Projekt immer wieder zurückgeworfen haben. So mussten beispielsweise über 6000 Röhren ausgetauscht werden, weil ihre Verstrebungen gerostet waren – nicht von innen, sondern von außen. Schuld war das Grundwasser, das an einigen Stellen in nur drei Metern Tiefe unter dem Sand beginnt. Kritiker warnen zudem vor gravierenden Folgen für das ökologische Gleichgewicht. Durch das stetige Abpumpen des Wassers sinke der hohe Grundwasserspiegel nach und nach – und zwar nicht nur im Südosten Libyens, sondern auch in den Nachbarländern

OBEN: WASSER AUS DER WÜSTE: MITTELS DES GIGANTISCHEN BEWÄSSERUNGSPROJEKTS DES „GROSSEN KÜNSTLICHEN FLUSSES" WIRD FOSSILES WASSER AUS DER LIBYSCHEN WÜSTE IN DIE BEVÖLKERUNGSZENTREN AN DER MITTELMEERKÜSTE GEPUMPT. BEVOR SIE AUF DIE VERSCHIEDENEN ORTSCHAFTEN VERTEILT WERDEN, SAMMELN SICH DIE FLUTEN IN GROSSEN BASSINS WIE HIER IN SULUUQ SÜDLICH VON BENGHASI.

Ägypten, Sudan und Tschad. Bereits jetzt sind einige kleinere Oasen in der Region ausgetrocknet. Doch das hindert die Staatsführung nicht daran, ihr wichtigstes Prestigeprojekt emsig weiterzuverfolgen. Jedes Mal, wenn wieder ein Teilstück fertig gestellt worden ist, schreitet Revolutionsführer Gaddafi höchstpersönlich zur Eröffnung. Im Fernsehen sind dann jubelnde Menschen zu sehen, die an einem sprudelnden Wasserrohr tanzen und sich gegenseitig nass spritzen. „Bruder Gaddafi" bekommt von einem Funktionär mit zitternden Händen einen weiteren Orden umgehängt, und die umstehenden Lakaien applaudieren eilfertig.

Trotz der Kritik ist einzugestehen, dass der „Große Künstliche Fluss" vielen Libyern erhebliche Vorteile verschafft. „Früher herrschte an der Küste in der Kyrenaika chronischer Wassermangel. Heute kann dort jeder Einwohner einen Kubikliter Wasser pro Tag verbrauchen. Das ist ein enormer Fortschritt", sagt Ahmad Bayu, der Generaldirektor des Taserbu-Pumpfeldes. Er ist stolz darauf, dass nach

HERR ÜBER DAS WASSER IN SULUUQ: IM ZENTRALEN KONTROLLRAUM DES ERSTEN TEILABSCHNITTS DES WASSERPROJEKTS HABEN DIE TECHNIKER ALLE LEITUNGEN IM BLICK.

der Planungs- und Konstruktionsphase fast alle ausländischen Unternehmen ihre Mitarbeiter abgezogen haben und nun nahezu die gesamte Technik von libyschen Ingenieuren betreut wird. Einer seiner besten Männer ist der technische Direktor Tariq al-Manqusch, der die Details des Projekts genau im Kopf hat: „Seit März 2004 fördern wir bei normalem Betrieb allein in Taserbu täglich rund 500 000 Kubikliter Wasser", berichtet er, „wir könnten aber jederzeit auf bis zu eine Million Kubikliter erhöhen, wenn in der Kyrenaika mehr Wasser benötigt würde. Das Wasser wird von hier nach Adschdaabiya an der Küste und dann jeweils durch eine Leitung Richtung Nordosten nach Benghasi und Richtung Westen nach Sirt geleitet. An einer Verlängerung von Sirt bis nach Tripolis wird bereits gebaut." Und dann hat Tariq noch einen Tipp für seine Besucher: „Wenn ihr in die Oasen hinauffahrt, dann schaut einmal kurz vor Audschila links neben die Straße. Dort seht ihr, was passiert, wenn eine unserer Röhren ein Leck hat." Natürlich folgt man diesem Rat und entdeckt nach mehrstündiger Fahrt auf der schnurgeraden Wüstenstraße an besagtem Ort einen kleinen Palmenhain – ein Beweis dafür, dass die Wüste lebt. Da überall im ewigen Sand winzige Pflanzensamen verstreut sind, schuf das ausgetretene Wasser binnen eines Jahres ein kleines grünes Paradies.

Neben dem Wasser besitzt Libyen Unmengen einer weiteren kostbaren Flüssigkeit: Erdöl. Die Vorkommen um die Oasen Audschila, Dschalu und Idschcharra im Nordosten der Libyschen Wüste zählen zu den besten und ergiebigsten Ölfeldern der Erde. Schwefelgehalt und Wasseranteil sind gering, das Begleitgas ist fast vollständig im Öl gelöst und begünstigt die Fließqualität, wodurch man die Felder bis zu 40 Prozent abpumpen kann. Bei vielen anderen Ölfeldern

LINKS: SIEBEN METER LANG, VIER METER BREIT UND ÜBER 70 TONNEN SCHWER: DIE RÖHREN FÜR DEN „GROSSEN KÜNSTLICHEN FLUSS" WERDEN MITHILFE EINES AUFWÄNDIGEN VERFAHRENS HERGESTELLT. ALLEIN FÜR DIE ERSTE BAUPHASE ZWISCHEN TASERBU UND DER KYRENAIKA WURDEN 250 000 RÖHREN VERBAUT.

SCHUTZ FÜR DAS SCHWARZE GOLD: EINE PUMPSTATION AUF DEM ERDÖLFELD VON IDSCHCHARRA IM NORDEN DER LIBYSCHEN WÜSTE.

DIE WICHTIGSTE FRUCHT DER WÜSTE: DIE DREI OASEN DSCHALU, AUDSCHILA UND IDSCHCHARRA IM NORDEN DER LIBYSCHEN WÜSTE SIND NICHT NUR WEGEN DER ERDÖLFELDER (BILDER RECHTS), SONDERN AUCH FÜR IHREN REICHEN BESTAND AN DATTELPALMEN BERÜHMT.

auf der Welt liegt die Anschöpfquote nur bei fünf Prozent. „Das Öl aus dem besten Feld hier könnte man so, wie es aus der Erde kommt, praktisch direkt in einen Autotank füllen", schwärmt der Holländer Nils Cohrs, der die Förderanlage einer deutschen Ölfirma in Idschcharra leitet, „das ist tatsächlich schwarzes Gold." Das Öl lagert in der Region in nur etwa 1300 Metern Tiefe und schießt wegen des enormen Drucks von rund 500 Bar durch spezialverstärkte Förderrohre an die Erdoberfläche. Wenn es oben ankommt, liegt der Druck immer noch bei 200 Bar und muss maschinell um die Hälfte gedrosselt werden, damit die leichteren Transportrohre nicht platzen. Auf einem durchschnittlichen Ölfeld liegen etwa 30 Bohrbrunnen, jeder einzelne kostet bis zu sechs Millionen US-Dollar. Trotzdem lohnt sich das Geschäft, denn gute Ölquellen erbringen bis zu 6000 Barrel – also fast eine Million Liter – Öl am Tag. „Mit zwei Bohrungen kann man hier so viel Öl fördern wie mit über hundert in Deutschland", rechnet ein deutscher Ingenieur vor, der jahrelang in Libyen gearbeitet hat. Die Menge zahlt sich aus. Nach Abzug aller Förder- und Transportkosten sowie des Pflichtanteils für den libyschen Staat verdient ein ausländisches Unternehmen etwa drei US-Dollar pro Barrel. Auf dem besten Feld in Idschcharra, das täglich rund 95 000 Barrel einbringt, ergibt das einen Gewinn von rund 285 000 US-Dollar – pro Tag. Aufs Jahr hochgerechnet sind es über 100 Millionen.

Stefano Dellepiane lassen diese Zahlen kalt. Der italienische Geologe arbeitet bei einem deutschen Ölunternehmen in Idschcharra und interessiert sich viel mehr für seine mathematischen Berechnungen, dreidimensionalen Karten und archivierten Bohrkerne. In einem blauen Arbeitskittel eilt er von seinem luftgekühlten Büro-Container zehn Meter durch die heiße Wüstenluft in das temperierte Lagerhaus, in dem in Regalen bis unter die Decke Dutzende von Bohrkernen lagern, die bei Probebohrungen in den vergangenen Jahren aus der Tiefe des Erdreichs gezogen wurden. Anhand dieser runden, etwa zehn Zentimeter breiten Kerne gewinnt man einen genauen Querschnitt der Gesteinsschichten. „Das Öl entstand hier vor rund 300 Millionen Jahren", erzählt

Stefano, „und die geologischen Voraussetzungen waren dafür ideal. Denn Erdöl bildet sich vor allem dort, wo früher Wasser war, wenn abgestorbene pflanzliche und tierische Kleinstlebewesen luftdicht abgelagert und durch Verwerfungen des Gesteins immer weiter zusammengepresst werden. Wenn das umgebende Erdreich aus Kalk, Salz, Sand oder Sandstein besteht, wird das entstehende Öl aufgesogen. Und genau das war hier der Fall! Denn damals war hier überall Wasser, der Boden war zerklüftet – und dass es hier viel Sandstein gibt, kann man sich ja leicht vorstellen, wenn man sich hier umsieht", lacht Stefano und zeigt durch ein Fenster in die Wüste. „Eigentlich brauchen wir das Öl nur noch abzupumpen", sagt er mit einem verschmitzten Lächeln und macht eine Kunstpause. „Wir müssen es nur finden." Genau das ist nun schon seit 14 Jahren seine Aufgabe. Mithilfe von seismischen Untersuchungen und Probebohrungen erstellt der Italiener exakte geologische Karten, anhand derer er nicht nur zeigen kann, wie es vor 300 Millionen Jahren in der heutigen Libyschen Wüste ausgesehen hat, sondern auch, wo die ergiebigsten Öllagerstätten zu vermuten sind. Manchmal scheint es allerdings fast, als sei ihm das Öl bei seiner Arbeit gar nicht das Wichtigste. „Stellt euch vor: Wir können genau feststellen, wo vor Jahrmillionen Flüsse und Seen waren, ja sogar in welche Richtung die prähistorischen Flüsse strömten. Ist das nicht unglaublich spannend?", fragt er mit leuchtenden Augen.

Sicher, das findet Hatim Muhammad auch spannend, aber das Öl ist ihm dann doch noch ein bisschen wichtiger. Der 32-jährige Kollege von Stefano hat in Benghasi, Ankara und Aberdeen studiert und ist heute einer der führenden Ingenieure des Unternehmens. Sein Chef ist voll des Lobes über ihn. Diese Anerkennung darf sich Hatim zu großen Teilen selbst zuschreiben, denn er hat sich trotz schlechter Voraussetzungen durch unermüdlichen Fleiß in eine verantwortungsvolle Position hochgekämpft. „Ich hätte das Rüstzeug für meine Karriere niemals ohne zusätzliche Anstrengungen und Auslandsaufenthalte bekommen", sagt er, „denn das libysche Bildungssystem ist nach wie vor falsch ausgerichtet. Libyen bezieht 95 Prozent seines Staatseinkommens aus der Ölförderung. Aber an der technischen Universität in Benghasi haben wir nicht das geringste über Öl gelernt. Nicht einmal die Grundlagen – an einer der größten Universitäten des Landes! Stattdessen mussten wir uns mit dem Design von Elektrogeräten befassen, die wir in Libyen gar nicht herstellen können. Außerdem kamen die Fremdsprachen viel zu kurz. Dabei sind sie das Wichtigste für einen guten Job." Hatims Kritik wird untermauert, wenn man das Gelände des ausländischen Unternehmens verlässt und einige Kilometer weiter durch den Wüstensand zu den Anlagen des benachbarten libyschen Staatsbetriebes fährt: verrostete Geräte, ständige Technikdefekte, niedrige Förderquoten. Es bleibt offensichtlich noch viel zu tun,

الله
أكبر

LINKS: DAS REICH VON ALI SA'AD: IN DER KORANSCHULE VON AUDSCHILA PRÄGEN SICH JUNGS UNTER RHYTHMISCHEN BEWEGUNGEN, DIE DAS MEMORIEREN ERLEICHTERN, DIE HEILIGEN VERSE EIN.

bis Libyen seine Gewinne aus den immensen Bodenschätzen in technologisches Know-how, nachhaltige Investitionen und ein fundiertes Ausbildungssystem umsetzen kann. Dann würde die Bevölkerung noch stärker vom schwarzen Gold profitieren.

Noch verstehen die meisten Bewohner der Libyschen Wüste viel mehr von Dattelpalmen als vom Öl. Zum Beispiel Suliman Mirsal, der in Idschcharra ein riesiges Landgut mit rund 1000 Palmen besitzt. „Die Dattel ist die wichtigste Frucht der Wüste", sagt er, „aber sie ist sehr anspruchsvoll. Man muss jeden einzelnen Baum pflegen, dann bringt er bis zu 100 Kilogramm Früchte im Jahr – allerdings nur die weiblichen Bäume." Deren Befruchtung im Frühjahr wird in vielen libyschen Oasen festlich zelebriert: Begleitet von Gesängen und Gebeten klettern junge Männer mit einem männlichen Palmzweig in der Hand auf die weibliche Palme und stecken ihn in deren Krone. Weil Datteln reich an Zucker, Stärke und Vitaminen sind und sich zudem einfach trocknen und aufbewahren lassen, waren sie jahrhundertelang das wichtigste Nahrungsmittel der Oasenbewohner, das „Brot der Wüste". Die vier besten Sorten heißen *Daqlat Sa'idi*, *Mal'iya*, *Tidis* und *Masmuut*. Zwar gelten libysche Datteln als exzellent und günstig, doch in Europa werden sie kaum vertrieben, da der dortige Markt fest in den Händen tunesischer, iranischer und türkischer Großhändler ist.

DIE ALTE LEHMMOSCHEE VON AUDSCHILA STAMMT AUS DEM 12. JAHRHUNDERT.

GRENZENLOSE WEITE: DIE SANFT GESCHWUNGENEN DÜNEN DER RAMLAT RABYAANA. KAMELE SCHAUEN SICH ANDERE LEBEWESEN IN DER WÜSTE AM LIEBSTEN VON FERNE AN – UND GEHEN IHRER EIGENEN WEGE.

Auch in Audschila, der Nachbar-Oase von Idschcharra, spielen Dattelpalmen eine zentrale Rolle. Doch daneben gibt es noch etwas anderes, das das Leben der Menschen prägt: die Religion. Im Ortskern von Audschila steht eine verlassene, aber berühmte Moschee. Der heutige Lehmbau mit spitzen Kuppeln gegen die Sonnenhitze stammt aus dem 12. Jahrhundert, doch geht die Legende, dass bereits die Angehörigen der ersten muslimischen Armeen im 7. Jahrhundert am selben Ort ein Bethaus errichteten. Gegenüber der Moschee liegt ein modernes Gebäude, das die Koranschule beherbergt. Dies ist das Reich von Ali Sa'ad. Ali ist ein Wunderkind. Mit seinen gerade einmal elf Jahren kann er den Koran bereits zu einem Viertel auswendig aufsagen. In seiner weißen *Dschalaabiya* schreitet er würdig in das Klassenzimmer und strahlt dabei die Gelassenheit eines Erwachsenen aus. Selbstverständlich unterrichtet er auch selbst. Jeden Nachmittag nach der normalen Schule kommen sieben jüngere Kinder zu ihm, um das heilige Buch zu erlernen. Dazu hocken sie sich vor abwaschbare Holztafeln

auf den Teppich, schreiben mit schwarzer Tinte eine Sure auf die Tafel und rezitieren sie dann immer wieder aufs Neue in einem halblauten Singsang. Um das Memorieren zu unterstützen, wiegen sie ihren Körper vor und zurück. Die Luft ist erfüllt von hellen Knabenstimmen, Ali schreitet von einem zum nächsten und korrigiert Betonungsfehler. „Meine Lieblingssure im Koran ist *Nuuh*, in der das Schicksal Noahs geschildert wird", sagt er mit ernstem Gesicht, „denn Prophetengeschichten mag ich besonders gern." Lächeln sieht man ihn nicht, die Würde der Religion scheint ihn voll und ganz auszufüllen. Schließlich hat Ali ein großes Ziel: Irgendwann möchte er ein *Haafis*, ein „Bewahrer" sein. So werden jene Menschen genannt, die den gesamten Koran auswendig beherrschen. In der ganzen islamischen Welt erfahren sie ehrfürchtige Hochachtung. Der Weg dorthin ist beschwerlich, doch Ali scheut keine Mühen. „Auch die Gefährten des Propheten Muhammad mussten zu ihrer Zeit viel erdulden", sagt er, „sie sind meine Vorbilder." Spornt es ihn an, dass auch er bereits ein Vorbild ist, seinen Schülern nämlich? „Ach nein", sagt Ali, „das ist doch unwichtig." Und dann lächelt er doch noch.

HUNGERLOHN FÜR DEN TRAUMBERUF

Mabsuta Musa as-Saghayir macht ihre Arbeit gerne. Sehr gerne sogar. Dabei hatte sie eigentlich nie daran gedacht, diesen Beruf zu wählen. „Als Kind habe ich die Schule überhaupt nicht gemocht. Trotzdem bin ich Lehrerin geworden, denn ich liebe Kinder", sagt die 30-Jährige mit einem Lächeln. Sie betreut rund 120 Buben und Mädchen im Vorschulalter. Fast alle sind Ausländer, vor allem aus Ägypten und dem Irak. Ihre Väter arbeiten als Gastarbeiter auf den Ölfeldern rund um die Oase Idschcharra im Nordosten der Libyschen Wüste. Bei Mabsuta lernen die Kleinen Singen, Malen und die ersten Buchstaben. Am liebsten aber tummeln sie sich auf dem Spielplatz hinterm Haus. Den hat ein deutsches Ölunternehmen ebenso gestiftet wie das Schulgebäude. „Dank der großzügigen Unterstützung sind wir die beste Vorschule im ganzen Ort. Europäische Hilfe ist sehr wichtig für uns", sagt Mabsuta, die ein schwarzes Kopftuch, aber keine schwarzen Handschuhe wie ihre Direktorin trägt. Zwar macht ihr der Beruf Freude, aber ganz zufrieden mit dem libyschen Bildungssystem ist sie nicht. „In unserem Land gibt es viel mehr Lehrerinnen als Lehrer, weil der Beruf nicht angesehen ist. Die jungen Männer wollen alle bei ausländischen Unternehmen auf den Ölfeldern arbeiten, statt sich mit Kindern abzugeben." Also lastet nicht nur die Kindererziehung zu Hause, sondern auch die schulische Ausbildung der Kinder fast ganz auf den Frauen.

Doch das fehlende Prestige des Lehrerberufes ist nur ein Grund für diese Schieflage. „Das Hauptproblem ist der geringe Verdienst. Als Lehrer bekommt man ein Durchschnittsgehalt von umgerechnet nur 100 Euro im Monat", sagt Mabsuta mit einer Grübelfalte auf der Stirn. Im libyschen Bildungswesen liegt vieles im Argen. Es beginnt sich gerade erst von den ideologischen Vorgaben der Revolutionsführung zu erholen. Das Niveau des Unterrichts steigt langsam, auch der lange Zeit verbotene Englischunterricht wird nun wieder angeboten. Es bleibt noch viel zu tun, um den niedrigen Bildungsstand vieler Libyer anzuheben. Die Qualität der Lehrer, der Bücher und der Ausbildung ist stark verbesserungswürdig. Das beginnt bereits in der Vorschule, und Mabsuta ist sich dessen bewusst. Deshalb die Grübelfalte. Doch dann kommt unvermittelt einer der kleinen Buben angerannt und streckt ihr mit breitem Grinsen seine sandigen Patschhände entgegen. Da weiß Mabsuta, deren Name „zufrieden" bedeutet, wieder einmal, dass sie ihren Traumberuf gefunden hat. Trotz des fehlenden Ansehens und der geringen Bezahlung.

SCHARF UND KRÄFTIGEND – DIE LIBYSCHE KÜCHE

Weil gerade einmal vier Prozent der Landesfläche landwirtschaftlich nutzbar sind, ist das Angebot an frischem Gemüse und Obst in Libyen recht bescheiden. Folglich ist die Küche stark von Grieß, Mehl und Fleisch geprägt. Die Speisen sind eher bodenständig als raffiniert, aber natürlich gibt es auch in Libyen viele gute Köchinnen – bis hinauf zu Aischa al-Gaddafi, der Tochter des Revolutionsführers. Mit den Tunesiern verbindet die Libyer, dass sie im Unterschied zu fast allen anderen arabischen Völkern gerne scharf essen. Die rote Paste *Hariissa* aus scharfen Chilischoten würzt neben den traditionellen Couscous-Varianten auch die von der italienischen Kolonialmacht übernommenen Nudelgerichte, die *Makaruuna* genannt werden, aber meist aus Spiralnudeln mit Tomatensoße bestehen.

Neben dem Couscous, dessen kulinarische Wurzeln im Maghreb liegen, haben die Libyer ein weiteres Festtagsgericht: das aus altarabischer Tradition stammende *Burdiim*, dessen Zubereitung viel Zeit braucht. Für ein gutes *Burdiim* gräbt man ein Loch in den Sand, legt Holzkohle hinein und einige Steine darauf, bettet darauf ein komplettes gehäutetes Kamel oder Lamm, das wiederum mit Steinen und Sand luftdicht bedeckt wird. So gart das nur mit Salz, Zwiebeln und Olivenöl gewürzte Fleisch mehrere Stunden lang, bevor es ausgegraben und in große Stücke zerteilt wird. Diese Leckerbissen sind so zart, dass sie förmlich auf der Zunge zergehen. Dazu trinken die Libyer – auch das unterscheidet sie von fast allen anderen Arabern – gerne Milch, am liebsten vom Kamel. Nach einer ähnlichen Methode wie beim *Burdiim* backen die libyschen Tuaareg ein köstliches Brot (s. *Das Brot der Tuaareg – Backen in der Wüste*, Seite 131).

Das wohl beliebteste Alltagsgericht der Libyer ist die *Schorba Libiiya*, die libysche Suppe, die an die marokkanische *Hariira* erinnert, aber schärfer gewürzt ist. Nach einem langen Tag stärkt sie erschöpfte Arbeiter ebenso wie müde Reisende. Manche ausländische Besucher haben sich schon nach dem ersten Löffel in diese rote Suppe verliebt. Hier ist ein traditionelles Rezept für vier Personen, das vom Chefkoch des *Corinthia Bab Africa Hotel* Tripolis, Stefan Hogan, verfeinert wurde (Zubereitungszeit ca. 2 ½ Stunden):

SCHORBA LIBIIYA (LIBYSCHE SUPPE)

ZUTATEN:

- 200 g Lammfleisch, klein gewürfelt
- Einige Lammknochen zum Mitkochen
- 1 große Karotte
- 3 Stangen Sellerie mit Blättern
- 1 kleine Lauchstange
- 1 große Zwiebel
- 1 große Zwiebel, fein gehackt
- 2 EL Tomatenmark
- 3 Tomaten, klein gewürfelt
- 80 g regentropfenförmige Nudeln (Kritharaki bzw. Graniamo)
- 150 g Kichererbsen, gekocht oder aus der Dose
- 2–3 Hand voll glatte Petersilie, gehackt
- 1 TL roter Pfeffer oder ½–1 TL Chilipulver
- 1 TL Kurkuma
- 1 TL Zimt
- 2 TL Minze, getrocknet
- 1 Zitrone
- Pflanzenöl
- Salz, Pfeffer

Zubereitung:
Backofen auf 200 °C vorheizen. Karotte, Sellerie, Lauch und Zwiebel in große Stücke schneiden und mit den Lammknochen auf einem Backblech 30 Min. anrösten. Alles in einen Topf umfüllen, mit ca. 2 l Wasser aufgießen und aufkochen. Bei reduzierter Hitze 1½ Std. abgedeckt sieden. Gehackte Zwiebel und das Fleisch kurz in Pflanzenöl anbraten. Tomaten, Tomatenmark, Salz, Pfeffer, roten Pfeffer bzw. Chilipulver, Kurkuma und Zimt einrühren. Die Brühe durch ein Sieb zugießen, aufkochen und so lange köcheln, bis das Fleisch fast ganz weich ist. Kichererbsen, Nudeln, Petersilie und Minze zugeben. Ca. 8 Min. ziehen lassen, bis die Nudeln gar sind. Nachwürzen, nach Belieben mit Zitronensaft abschmecken. Mit Zitronenschnitzen und reichlich Weißbrot servieren.

Tipp: Sollten Sie es wie ein galanter libyscher Gastgeber machen wollen, überreichen Sie Ihren Gästen nach dem Essen eine Hand voll Jasminblüten. Der feine Duft vertreibt den Essensgeruch und ergötzt die Sinne.

WENN SIE MEHR ÜBER DIE ARABISCHE SPEISEKULTUR ERFAHREN WOLLEN, MÖGEN SIE ZU DIESEM BUCH GREIFEN: FLORIAN HARMS U. LUTZ JÄKEL: KULINARISCHES ARABIEN. MAROKKO, TUNESIEN, LIBYEN, ÄGYPTEN, DUBAI, JORDANIEN, SYRIEN, LIBANON. MIT 88 REZEPTEN.

Investieren und Reisen in Libyen

Persönliche Beziehungen statt seitenlanger Verträge und Straßenschilder nur auf Arabisch: Wirtschaft und Tourismus gehorchen in Libyen eigenen Gesetzen. Wer diese beachtet, kann als Unternehmer vom neuen „Goldrausch" profitieren und als Reisender ein bezauberndes Land entdecken.

الاقتصاد والسياحة

SEITE 190: FRUCHTBARKEIT IN DER WÜSTE: IM WAADI BARDSCHUUDSCH IM FESAAN WIRD MITHILFE VON FOSSILEM GRUNDWASSER GETREIDE UND MAIS ANGEBAUT. IM HINTERGRUND SIND DIE DÜNEN DES IDHAAN MURSUQ ZU ERAHNEN.

Es ist fast schon paradox: Einerseits besitzt Libyen immense Öl- und Gasvorräte, andererseits sind Inlandsmarkt und Außenhandelsbeziehungen des Landes unterentwickelt. Einerseits beherbergt Libyen einige der atemberaubendsten Sehenswürdigkeiten Nordafrikas, andererseits steckt der Tourismus noch in den Kinderschuhen. Diese Gegensätze lassen sich natürlich durch politische und gesellschaftliche Entwicklungen erklären, spannender aber erscheint das, was sie im Umkehrschluss offenbaren: ein enormes wirtschaftliches und touristisches Potenzial. In jüngster Zeit ist das Interesse europäischer, amerikanischer, australischer und asiatischer Unternehmen und Touristen an Libyen geradezu sprunghaft gestiegen.

Ende der neunziger Jahre lag die libysche Wirtschaft, geschädigt von internationalen Handelsboykotten und vom Missmanagement der Staatsführung, danieder. Mit Gaddafis Einlenken bei den Streitpunkten Massenvernichtungswaffen, Unterstützung von Terrorgruppen und Entschädigung von Anschlagsopfern (s. *Von der Revolution zur Folklore,* Seite 48) und befördert von den veränderten Prioritäten der US-amerikanischen Außenpolitik brach in Libyen eine neue Zeit an. Der internationale Boykott fiel bereits 1999, die letzten US-Handelsbeschränkungen wurden im Jahr 2005 aufgehoben. Als Motor der libyschen Öffnungspolitik gilt noch vor Staatschef Muammar al-Gaddafi dessen Sohn Saif al-Islam, der sich als internationaler Vermittler und Vordenker in Fragen von Wirtschaftsreformen für die Nachfolge seines Vaters in Stellung zu bringen versucht (s. *Krisenvermittler, Köchinnen und Kicker – Die Familie Gaddafi,* Seite 56). Im Jahr 2000 legte er eine kritische Bestandsaufnahme des libyschen Staates vor, die zwei Jahre später gedruckt und auch in seinem Heimatland frei verkauft wurde. In dieser Konzeption für „Libyen im 21. Jahrhundert" fordert Saif al-Islam Gaddafi nicht nur eine unabhängige Justiz und eine Verbesserung des Ausbildungswesens, sondern auch die Wahrung der Menschenrechte. Vor allem aber will er die bislang eher zaghaft betriebene Privatisierung von Staatsbetrieben ankurbeln, den Bankensektor reformieren, durch flexible Steuermodelle Auslandsinvestitionen anziehen und insbesondere Handel, Dienstleistungssektor und Tourismus fördern. Natürlich bedarf es in einem schwerfälligen, von bürokratischen Strukturen und wechselnden Loyalitäten der Beamten gezeichneten Staat großer Anstrengungen und vor allem einiger Zeit, um solch ambitionierte Vorhaben umzusetzen. Doch Saif al-Islam Gaddafi scheint sich nicht beirren zu lassen. Zwar werden ihm durch einflussreiche Besitzstandswahrer aus dem erweiterten Umfeld seines Vaters immer wieder Grenzen gesetzt, doch in der Schicht der überwiegend jüngeren, wagemutigen und im Ausland vernetzten Privatunternehmer findet er Zuspruch und Unterstützung. Zu dieser Riege der Reformer konnte man – mit Abstrichen – auch Schukri Ghanem zählen, einen ehemaligen OPEC-Manager,

der von 2003 bis 2006 als Regierungschef im Amt war und als solcher den ehrgeizigen Plan verfolgte, ausgewanderte Libyer zur Rückkehr zu ermutigen, damit sie ihr im Ausland erworbenes Know-how und ihre internationalen Geschäftsverbindungen in ihrem Heimatland einbringen.

Denn nach der Öffnung des Landes und der Aufhebung der Sanktionen besteht ein enormer Investitionsbedarf, den Libyen nur mithilfe ausländischer Unternehmen bewältigen kann. Firmen wie der deutsche Maschinenbaukonzern MAN Ferrostaal, das Logistikunternehmen Lehnkering oder die Spedition Carl Ungewitter haben bereits langjährige Erfahrung auf dem libyschen Markt, manch andere müssen sich in dem nicht immer leicht durchschaubaren Umfeld erst einmal zurechtfinden. Geschäftschancen für Investoren bieten vor allem der Energiesektor, die Tourismusbranche und der Infrastrukturbereich: Straßen, Häfen, Wasserleitungen, Kraftwerke, Raffinerien, Telekommunikationsnetze und

VORHERIGE DOPPELSEITE: TRADITIONELLES HANDWERK: LINKS OBEN UND UNTEN: KUPFERSCHMIEDE IN DER ALTSTADT VON TRIPOLIS. RECHTS OBEN: KLEINHÄNDLER VOR SEINEM LADEN IN TRIPOLIS. RECHTS UNTEN: TÖPFEREI SÜDLICH VON TRIPOLIS. DIE TRADITIONELLEN FARBEN DER GLASUREN SIND GELB UND GRÜN.

Konsumgüterfabriken sollen gebaut werden. Laut Wirtschaftsanalysten hat Libyen während der Sanktionen 15 Milliarden Euro an Devisenreserven angehäuft, die es nun rasch in Großprojekte stecken will. Da das Land nun wieder unbeschränkt Öl und Gas ausführen darf, dürften dank des derzeit hohen Ölpreises jedes Jahr rund 20 Milliarden Euro hinzukommen – gewaltige Summen also, die in Europa, den USA und Fernost genau registriert werden. Um ausländischen Unternehmen attraktive Importbedingungen zu bieten, hob die Regierung Mitte 2005 fast alle Einfuhrzölle auf. Seitdem sind vor allem Autos asiatischer Hersteller relativ günstig erhältlich. Ein nagelneuer Daewoo kostet umgerechnet rund 6500 Euro – das entspricht etwa dem Jahresgehalt eines libyschen Arztes. Da Benzin mit zehn Cent pro Liter recht billig ist, herrschen für Autofahrer nahezu unbeschwerte Zustände – wäre da nicht der chaotische, oft gefährliche Straßenverkehr (s. *Was man in Libyen unbedingt tun sollte – und was man lieber bleiben lässt,* Seite 209).

Die libysche Wirtschaft erholt sich langsam, und Öl und Gas spielen dabei die wichtigste Rolle. Über 90 Prozent der Wirtschaftsleistung basieren auf dem Export von Rohstoffen. Die Gasvorkommen werden auf über 1,3 Milliarden Tonnen geschätzt, damit ist Libyen für europäische Länder wie Italien und Deutschland eine mögliche Alternative zum weltgrößten Gaslieferanten Russland. Die bislang gewaltigsten Vorkommen stammen aus dem *Wafaa*-Gasfeld im Nord-Fesaan und werden in einer libysch-italienischen Raffinerie in Melitta an der Mittelmeerküste aufbereitet. Von dort strömt das Gas durch eine Unterwasser-Pipeline nach Sizilien, wo es gesammelt und nach ganz Europa verkauft wird.

Noch höhere Preise als das Gas erzielt das libysche Erdöl, das auf dem Weltmarkt als Spitzenprodukt gilt, da es sehr „süß", also schwefelarm ist (s. *Libysche Wüste – Das Wunder der Ewigkeit,* Seite 160). Libyen verfügt über riesige Mengen dieses schwarzen Goldes. Allein die nachgewiese-

LINKS: AUF DEM GROSSMARKT SÜDLICH VON TRIPOLIS.
OBEN: VERLOCKENDER DUFT VON FRISCHEM BROT: KUNDINNEN VOR EINER BÄCKEREI.

nen Vorkommen belaufen sich auf rund 36 Milliarden Barrel, etwa drei Prozent der weltweiten Vorräte, und halten beim jetzigen Tempo der Förderung noch etwa 60 Jahre. Zum Vergleich: Das Nachbarland Algerien besitzt etwa elf Milliarden Barrel nachgewiesener Erdölvorkommen, hat mit 30 Millionen Menschen aber eine fünfmal so große Bevölkerung wie Libyen. Und dabei wurden erst 30 Prozent der libyschen Staatsfläche systematisch nach Öl und Gas erforscht; Experten vermuten unter dem ewigen Sand weitere große Felder, die mit Hilfe ausländischer Technologie exploriert werden könnten. Libyen gilt als letzter noch nicht voll erschlossener Öl- und Gasmarkt der Nordafrika/Nahost-Region. Allenthalben macht deshalb das Wort vom „Goldrausch" die Runde.

Als zweitwichtigster Handelspartner Libyens nach Italien hat Deutschland ein großes Interesse an guten politischen und geschäftlichen Kontakten zu Libyen. Bislang waren deutsche Ölunternehmen traditionell stark vor Ort vertreten, anders als die US-Firmen durften sie während der Sanktionen im Land bleiben. Doch seit Gaddafis ideologischem Umschwung, der Öffnungspolitik und dem Ende der Boykotte kommen nun verstärkt die Amerikaner ins Geschäft und drängen, wie in Hintergrundgesprächen mit Ölmanagern zu vernehmen ist, durch „sanften Druck" auf die libyschen Behörden ihre europäischen Mitbewerber *aus* dem Geschäft. Die lang ersehnten neuen Förderkonzessionen Anfang 2006 gingen allesamt an amerikanisch dominierte Unternehmen. „Die Amerikaner treten hier jetzt massiv auf und agieren nach ihren eigenen Regeln. Sie zahlen jeden Preis für Öl und stechen so ihre Konkurrenten aus", sagt ein deutscher Ingenieur, der auf den Ölfeldern von Idschcharra in der Libyschen Wüste arbeitet. Die Bevorzugung von US-Firmen durch die libysche Staatsspitze ist vermutlich politisch gewollt. Es heißt, damit wolle Muammar al-Gaddafi sein Ansehen bei der einzigen verbliebenen Weltmacht weiter aufpolieren.

Dank seines Rohstoffreichtums ist Libyen der mit Abstand wohlhabendste Staat Afrikas, das Bruttoinlandsprodukt pro Kopf liegt derzeit bei 5700 Euro (zum Vergleich: im Niger liegt es bei 600 Euro, in Deutschland bei 20 000 Euro). Dennoch ist die Arbeitslosenrate mit rund 30 Prozent sehr hoch, obwohl die Analphabetenrate mit neun Prozent unter Männern und 32 Prozent unter Frauen im afrikanischen Vergleich eher niedrig ist. Das Problem scheint hausgemacht zu sein. Defizite sehen viele Beobachter vor allem in den Langzeitwirkungen der früheren ideologisch-chaotischen Wirtschaftspolitik sowie in der höheren Bildung: Lesen und Schreiben können die meisten Libyer, doch weitergehende natur- und geisteswissenschaftliche und vor allem Fremdsprachenkenntnisse sind rar gesät. Der Englisch-Unterricht war sogar aus ideologischen Gründen bis zum Jahr 2005 verboten, weshalb eine ganze Generation kein oder nur schlecht Englisch spricht, oder es sich nun mühsam nachträglich aneignen muss. Auch gesellschaftliche Probleme senken das Bildungsniveau, wie Ibrahim Asaqa, der Vizepräsident der Universität Sabha, erklärt: „Wir haben beispielsweise in unserer medizinischen Fakultät das große Problem, dass viel mehr Frauen als Männer einen Studienabschluss machen, weil das Gesundheitswesen in Libyen traditionell als weibliche Domäne gilt. Viele dieser gut ausgebildeten Frauen werden dann aber verheiratet, bekommen Kinder und werden so dem Arbeitsmarkt entzogen." Deshalb hat Libyen Hunderte von Ärzten aus Palästina, Südkorea und dem Irak angeworben.

Auch das Know-how für Industrie und Bauwirtschaft kommt überwiegend aus dem Ausland – und fällt nicht immer auf fruchtbaren Boden. In Tripolitanien erzählen die Menschen gern die Geschichte jenes libyschen Architekten, der in den USA studiert hatte und zu Ehren Gottes (und des Regimes) in der Neustadt von Sabrata eine riesige Moschee mit einem gigantischen Minarett bauen sollte. Mit 105 Metern Höhe, aber nur zwei Metern Durchmesser sollte es alle anderen Minarette des Landes an Höhe und Schlankheit übertreffen. Leider machte der Architekt einen statischen Berechnungsfehler, wodurch der Turm kurz vor seiner Fertigstellung auf die benachbarte Polizeistation stürzte. Um die Schmach auszuwetzen, ließen die Behörden rasch eine neue, weniger ambitionierte Moschee nebenan errichten. Doch bis heute liegen die Trümmer der alten Bauruine auf der Straße.

Manche Einheimischen weisen auch jenen Strukturen eine Mitschuld an der wirtschaftlichen Misere Libyens zu, die

WÜSTENWASSER: MITHILFE HUNDERTER VON BRUNNENSTATIONEN WIRD BEI TASERBU IN DER LIBYSCHEN WÜSTE FOSSILES WASSER AUS DEM BODEN GEPUMPT.

EIN BOTE DES ISLAMS – UQBA BIN NAFI'

Im Laufe der Geschichte haben viele Feldherren Libyen erobert, doch Uqba bin Nafi' überragt alle anderen Heerführer. Im Jahr 622 n. Chr. geboren, stammte er aus der Sippe der Umayyaden, die von ihrer Hauptstadt Damaskus aus die erste Dynastie des jungen islamisch-arabischen Reiches gründeten. Ab 639 n. Chr. überrannten die arabischen Heere unter Uqbas Onkel Amr ibn al-As das byzantinische Ägypten und anschließend die Kyrenaika. Uqba sollte zunächst die neue Westgrenze des Reiches schützen, unternahm aber schon bald weitere Feldzüge gegen die Byzantiner und die verschiedenen Berberstämme im Maghreb. So eroberte er nach und nach Tripolitanien, das heutige Tunesien und den Mittleren Atlas. Der Überlieferung zufolge soll er sogar den Atlantik erreicht haben. Im Jahr 662 n. Chr. ernannte der Kalif Uqba zum Statthalter der arabischen Provinz *Ifriiqiya* („Afrika") und 682 n. Chr. zum Verwalter des ganzen Maghrebs. Im heutigen Tunesien gründete der strahlende Eroberer 670 n. Chr. zur Sicherung der Eroberungen ein Heerlager, aus dem später die Stadt Kairuan entstand, eines der wichtigsten Kultur- und Wirtschaftszentren des Maghrebs.

Doch seine größte Leistung vollbrachte Uqba weder mit dem Schwert noch mit Bauplänen, sondern, so wird es bis heute tradiert, mit dem Herzen: Er brachte den Berbern den Islam und legte so den Grundstein für die wohl größte religiöse Umwälzung in der Geschichte des Maghrebs. Ausgehend von vielen kleinen Heerlagern, die rasch zu Handelsumschlagplätzen aufstiegen und so die Menschen anzogen, verbreiteten seine Truppen ihren Glauben unter den Einheimischen. Bis heute wird Uqba dafür verehrt.

Sein Ende war allerdings tragisch. Aufgrund mangelnden Nachschubs und dem anhaltenden Widerstand einiger Berberstämme musste der Eroberer viele Gebiete vorübergehend wieder aufgeben. Im Jahr 683 n. Chr. kam es bei Bisqra in Nordost-Algerien zu einer Schicksalsschlacht, bei der Uqbas Heer von aufständischen Berbern unter der Führung des Stammesoberhaupts Qusaila bin Lemsen vernichtend geschlagen wurde. Uqba und ein großer Teil seiner Soldaten verloren dabei ihr Leben. Der Bote des Islams im Maghreb wurde in der nahe gelegenen, später nach ihm benannten Sidi-Uqba-Oase begraben.

DA HAT SICH JEMAND VERRECHNET: DIE RESTE DES EINGESTÜRZTEN MINARETTS IN DER NEUSTADT VON SABRATA. DER ARCHITEKT HATTE DEN DURCHMESSER DES TURMS ZU GERING GEPLANT.

durch die ausländischen Geschäftsaktivitäten überhaupt erst entstanden. „40 000 Einheimische und 5000 Ausländer arbeiten in unserem Land im Ölgeschäft, aber wir Libyer bekommen viel niedrigere Löhne", kritisiert zum Beispiel einer der leitenden Ingenieure des *Amal*-Ölfeldes im Fesaan. „Ein gut ausgebildeter libyscher Ölingenieur verdient etwa 1500 Euro im Monat. Ein Ausländer bekommt dagegen rund 6500 Euro. Diese Diskrepanz senkt die Motivation und das gegenseitige Ansehen." Ein von der Regierung Ghanem geplantes Gesetz zur Gleichstellung der Löhne wurde nie umgesetzt. Und noch ein weiteres Problem spricht der Ingenieur an: „Durch das wachsende Ölgeschäft mit dem Ausland öffnet sich unser Land natürlich mehr und mehr nach außen, auch unser Arbeitsmarkt wird dadurch belebt. Aber wir wollen nicht, dass die vermehrt hereinströmenden Ausländer unsere Kultur und unsere Religion grundlegend verändern. Es müssen hier weiterhin die libyschen Regeln gelten." Zu diesen Regeln gehören nicht nur die ritualisierten Höflichkeits- und Respektsbezeugungen, die man einander entgegenbringt, sondern auch ein Gesetz, demzufolge jede ausländische Firma einen bestimmten Prozentsatz libyscher Mitarbeiter einstellen muss – selbst wenn es nicht für jeden etwas zu tun gibt ...

Neben Öl und Gas verfügt Libyen über einen weiteren kostbaren Rohstoff: fossiles Wasser, das seit Jahrtausenden unter dem Wüstensand lagert und mithilfe aufwändiger Pump- und Rohrleitungssysteme zur Trinkwasserversorgung und Agrarbewässerung genutzt wird (s. *Libysche Wüste – Das Wunder der Ewigkeit*, Seite 160). Im *Waadi Bardschuudsch* im Fesaan können sogar 3600 Hektar gedüngter Wüstenboden künstlich bewässert werden: Bei 50 °C Hitze und in Sichtweite der Dünen des *Idhaan Mursuq* wiegen sich dort Mais und Weizen im Wind. Die Kosten, um das in 300 Meter Tiefe liegende Wasser auf 71 kreisförmige Felder zu verteilen, sind nach Angaben des Direktors der Anlage fast doppelt so hoch wie der Verkaufserlös. Doch das Projekt ist politisch motiviert und soll Libyen ein kleines Stückchen unabhängiger von Lebensmittelimporten machen.

OASENWIRTSCHAFT: NEBEN DEN RUINEN DER EHEMALIGEN GARAMANTEN-HAUPTSTADT GARAMA IM FESAAN WEIDEN KÜHE.

Die Importe dürften in den kommenden Jahren allerdings rasant wachsen – in so gut wie allen Sektoren. Nicht nur die großen Staatsprojekte, auch die Geschäfte der Privatunternehmer werden Jahr für Jahr ambitionierter. Der eine plant eine neue Fluglinie, der andere eine Hotelkette, ein dritter will ein libysches Mode-Label gründen. „Die Tür des politischen und wirtschaftlichen Wandels ist geöffnet", sagt einer der erfolgreichsten Unternehmer des Landes, der seit 1992 die Höhen und Tiefen des aufkeimenden Privatsektors miterlebt. „Aber noch können nur die wenigsten Libyer wirklich durch diese Tür treten, weil erst wenige wirklich begriffen haben, was hier vor sich geht. Ausländischen Geschäftsleuten kann ich nur empfehlen, jetzt in Libyen zu investieren. Der zu verteilende Kuchen ist sehr groß." Plötzliche politische Richtungswechsel hätten Investoren nicht mehr zu fürchten: „Früher waren die Menschen dem Staat gegenüber wehrlos, das war eine harte Zeit. Mittlerweile haben wir hier aber Rechtssicherheit. Jetzt ist Eigentum wirklich Eigentum." Und dann nennt er die seiner Meinung nach wichtigste Vorbedingung für ein erfolgreiches Geschäft in Libyen: „Man braucht Beziehungen, um Dinge anzustoßen, als Investor muss man hierher kommen und vor Ort agieren. Denn Geschäftsbeziehungen laufen fast immer über persönliche Kontakte. Man muss rund um die Uhr erreichbar sein und sich enorm reinhängen, den Leuten hinterherlaufen, Wünsche und Forderungen immer wieder wiederholen."

Diese Einschätzung bestätigt Hakim Nageh vom libyschen Consulting-Unternehmen *Sahara*. In einem Beitrag zur libyschen Geschäftskultur schreibt er in einem renommierten Business-Ratgeber: „Planungen werden kurzfristig, pragmatisch und nicht immer strategisch gemacht. Nur wenn es um langfristige Projekte geht, wird strategisch gedacht. Weil die Libyer dazu neigen, im kollektiven Rahmen zu handeln, hängen Geschäfte von Freundschaften ab und sind tatsächlich darauf ausgerichtet, freundschaftliche Beziehungen zwischen den Menschen herzustellen. In solch einem Umfeld sind Vertrauen and Verlässlichkeit wichtige Faktoren. Sie rücksichtslos zu übergehen, kann den erfolgreichen Abschluss jedes Geschäftsvorhabens gefährden." Kurz gesagt: Geschäfte laufen in Libyen meist über *Wasta* – langfristig geknüpfte Beziehungen, die nach bestimmten Ritualen gepflegt werden wollen (s. *Was man in Libyen unbedingt tun sollte – und was man lieber bleiben lässt*, Seite 209) und oft wichtiger sind als seitenlange Verträge.

Hinzu kommt, dass man als ausländischer Unternehmer von den oft überforderten oder lethargischen Behörden und Regierungsstellen nur wenig Unterstützung erwarten darf. Auch Planungssicherheit und vorausschauende Organisation, die in Europa und Amerika gang und gäbe sind, sucht man in Libyen, abgesehen vom Privatsektor, meist vergebens. Das erschwert Geschäftserfolge nicht nur in dem von der staatlichen *Libyan National Oil Cooperation* kontrollierten Erdölsektor, sondern auch in anderen Sparten. Viele europäische Unternehmer klagen darüber, dass sie wochen- oder sogar monatelang auf Antworten aus Tripolis warten, Entscheidungsträger plötzlich unerreichbar sind oder Rechnungen erst spät beglichen werden. Eine komplett freie Marktwirtschaft gibt es in Libyen eben (noch) nicht, der Dschungel von Zuständigkeiten im Behördenapparat und im persönlichen Umfeld von Staatschef Gaddafi ist oft undurchschaubar, und nicht wenige pompös angekündigte Großprojekte, wie etwa die Eisenbahnlinie in Tripolitanien oder der Hotelkomplex auf der Insel Farwa (s. *Zu Besuch beim libyschen Robinson Crusoe,* Seite 102), werden nach einigen Jahren stillschweigend ad acta gelegt. Immerhin hat Libyen im Gegensatz zu vielen anderen arabischen und afrikanischen Staaten in jüngster Zeit weniger mit Korruption zu kämpfen. „Die Menschen hier entwickeln langsam ein Bewusstsein für Öffentlichkeit", sagt ein Unternehmer. „Korruption wird nun auch dadurch erschwert, dass die Leute nachfragen, was mit dem Geld aus den Öleinnahmen passiert."

Libyen verändert sich schrittweise, und der Wandel manifestiert sich auch im Tourismus. Bislang finden Gäste, die nicht auf luxuriöse Unterkünfte und eine minutiöse Zeitplanung bestehen, geradezu paradiesische Zustände vor: Jährlich verlieren sich neben 300 000 arabischen weniger als 200 000 „westliche" Touristen in dem riesigen Land. Viele Sehenswürdigkeiten hat man deshalb „ganz für sich" –

WASSER AUS DEM SAND: DIE KREISRUNDEN GETREIDEFELDER IM WAADI BARDSCHUUDSCH IM FESAAN WERDEN MIT ANLAGEN AUS AMERIKANISCHER PRODUKTION BEWÄSSERT. DIE GERÄTE WURDEN WÄHREND DES US-EMBARGOS IN EINZELTEILEN ÜBER EUROPÄISCHE LÄNDER NACH LIBYEN EINGEFÜHRT.

im Vergleich zum Rummel an den Pyramiden in Gizeh oder im Basar von Marrakesch ein wahres Idyll. Die meisten Gäste besichtigen die punisch-römischen Ruinen und die Oasenstadt Ghadaames in Tripolitanien sowie die griechischen Ruinen und die Schlachtfelder des Zweiten Weltkriegs in der Kyrenaika. Nur ein kleiner Prozentsatz dringt bis in die Wüstenlandschaften vor, am ehesten noch zu den Mandara-Seen im Fesaan. Bei Rundgängen durch Städte wie Tripolis oder Benghasi fällt vielen Reisenden auf, dass es dort kaum jene berüchtigten Belästigungen durch übereifrige Basar- und Straßenhändler gibt, wie sie in manch anderen arabischen Ländern üblich sind. Zudem gilt Libyen als sehr sicheres Reiseland, mehrere Polizeidienste observieren die Öffentlichkeit, ohne dass allzu offen der Eindruck eines Überwachungsstaates entstünde. Allerdings wollen die Behörden wissen, wo sich Touristen aufhalten; die Wüstengebiete – also 90 Prozent des Landes – dürfen nur mit Reiseführer besucht werden. Das hat gute Gründe. Zum einen dient es dem Schutz der Touristen vor den Tücken des Verkehrs und der Natur – Straßenschilder sind aus ideologischen Gründen bislang ausschließlich auf Arabisch, sogar Taxis heißen nicht *Taksi*, sondern *Rukkaab 'Aama*, „öffentlicher Wagen". Zudem müssen Reisende in Libyen zwar keine Überfälle fürchten, aber die Weite der Wüste birgt die Gefahr des Sich-Verirrens. Selbst erfahrene Globetrotter haben sich im Fesaan oder in der Libyschen Wüste schon hoffnungslos verfahren; selbst wer das Global Positioning System (GPS) verwendet, ist nicht davor gefeit, Entfernungen oder den Wasserbedarf zu unterschätzen. Zum anderen dient die „Zwangs-Reisebegleitung" auch dem Schutz der Natur vor den Touristen. Man könnte eine lange Liste an Sünden aufstellen, derer sich ausländische Reisende in Libyen schuldig gemacht haben. Um nur einige zu nennen: Konservendosen und geplatzte Autoreifen in die Wüste werfen, Ölwechsel in den Dünen, mit Jeeps in den Vulkankrater des *Wau an-Namuus* fahren und – man findet kaum Worte dafür – das kulturelle Erbe des Landes zerstören. So haben einige „Touristen" in der Vergangenheit manche der prähistorischen Felsbilder im Akakus-Gebirge befeuchtet, um die Farben besser leuchten zu sehen. Das abtropfende Wasser nahm auch die vor Jahrtausenden aufgetragenen Farben mit, zurück blieben blasse Konturen.

Doch das ist nur eine Minderheit, laut libyschen Reiseveranstaltern bereiten sich die meisten Touristen verantwortungsvoll und gewissenhaft auf ihre Touren vor, auch weil Libyen-Reisen noch verhältnismäßig kostspielig sind. Markt und Infrastruktur sind noch zu klein, als dass die Veranstalter ernsthaft miteinander konkurrieren und die Preise drücken müssten. Zwar verfügt das Land über 1600 Kilometer überwiegend unberührte Küste mit schönen Stränden, aber Hotels sind Mangelware. Bislang gibt es erst ein einziges 5-Sterne-Hotel, das *Corinthia Bab Africa Hotel* in Tripolis. Weitere Neubauten sind jedoch geplant, zudem will die Regierung erklärtermaßen in den kommenden Jahren bis zu 30 Milliarden Euro in den Fremdenverkehr investieren. Dabei sollen Studienreisen und Wüstentouren für maximal drei Millionen Besucher pro Jahr im Vordergrund stehen. An Massentourismus wie in Ägypten oder Tunesien ist nicht gedacht. Da passt es ins Bild, dass seit kurzem auch Kreuzfahrtschiffe Libyen wieder anlaufen, von den Häfen Derna und Benghasi in der Kyrenaika sowie Tripolis in Tripolitanien lassen sich die Ruinenstädte an der Küste bequem erreichen. Und auch die deutsche Lufthansa fliegt

KARIBISCHE ZUSTÄNDE: LIBYEN VERFÜGT ÜBER HUNDERTE VON KILOMETERN FEINER SANDSTRÄNDE MIT TÜRKISFARBENEM WASSER. DIE TOURISTISCHE INFRASTRUKTUR UND DER WILLE, DIE KÜSTEN ZU PFLEGEN, FEHLEN ALLERDINGS NOCH.

seit einiger Zeit wieder nonstop von Frankfurt nach Tripolis. Weitere Fluglinien werden sicher folgen. Schließlich verspricht Libyen in Wirtschaft und Tourismus große Chancen.

Zum Nachlesen:
Saif al-Islam Gaddafis Konzeption für Libyen ist erschienen als Saif-Aleslam M. Alqadhafi: Libya and the XXI. Century. Ohne Ort 2002.
Einen Überblick über die wichtigsten Wirtschaftssektoren, die Gesetzeslage, die Besteuerung und die staatlichen Entwicklungspläne in Libyen gibt der Sammelband von Jonathan Wallace und Bill Wilkinson: Doing Business With Libya. Reihe Global Market Briefings. London 2004. Der Beitrag von Hakim Nageh zur „Business Culture" findet sich auf den Seiten 37–41.

NEU UND ALT: DAS BISLANG EINZIGE 5-STERNE-HOTEL IN LIBYEN IST DAS CORINTHIA BAB AFRICA HOTEL AM RANDE DER ALTSTADT VON TRIPOLIS. IM HINTERGRUND DER HAFEN, IN DEM SEIT JÜNGSTER ZEIT AUCH WIEDER KREUZFAHRTSCHIFFE ANLEGEN.

ALLES ANDERS – DIE LIBYSCHE ZEITRECHNUNG

Aus religiös-ideologischen Gründen hat Revolutionsführer Gaddafi in Libyen eine eigene Zeitrechnung eingeführt. Während alle anderen Länder der islamischen Welt ihre Zählung mit dem Jahr der *Hidschra*, der Übersiedlung des Propheten Muhammad von Mekka nach Medina, beginnen (622 n. Chr.), galt in Libyen zunächst der Todestag Muhammads im Jahr 632 n. Chr. als Ausgangspunkt der Zeitrechnung. Anfang der neunziger Jahre nahm Gaddafi eine erneute Umstellung vor und verfügte, dass fortan der Geburtstag des Propheten maßgeblich sein solle – allerdings nicht nach der üblichen islamischen Mondjahr-Zählung, sondern am Sonnenjahr orientiert. Zusätzlich beliebte es dem Revolutionsführer, jedem Monat einen neuen Namen zu geben. Zwar verwenden die meisten Libyer auch die „westlichen" Monatsnamen, doch mitunter ist es hilfreich, als Geschäftsreisender oder Tourist die offiziellen libyschen Bezeichnungen zu kennen:

JANUAR - *Ay an-Naar*
(„Monat des Brennstoffs" – weil man Wärme braucht)
FEBRUAR - *An-Nuwwaar* („Die Blüte")
MÄRZ- *Ar-Rabii'a* („Der Frühling")
APRIL - *At-Taa'ir*
(„Der Vogel" – weil die Zugvögel zurückkehren)
MAI - *Al-Maa'* („Das Wasser" – weil es viel regnet)
JUNI - *As-Saif* („Der Sommer")
JULI - *Naasir*
(Benannt nach dem ehemaligen ägyptischen Präsidenten Nasser, den Gaddafi sehr verehrt)
AUGUST - *Hannibal* (Statt die „westliche" Bezeichnung zu übernehmen, die dem römischen Kaiser Augustus gewidmet ist, taufte Gaddafi den Monat nach einem der hartnäckigsten Widersacher der Römer, der zudem aus dem erweiterten libyschen Kulturraum stammte. Gaddafi wollte dies offensichtlich als Spitze gegen die Italiener verstanden wissen, die Libyen von 1911–1943 besetzt hatten).
SEPTEMBER - *Al-Faatih* (Benannt nach Gaddafis *Faatih*-Revolution am 1. September 1969)
OKTOBER *At-Tumuur*
(„Die Datteln" – die Zeit der Dattelernte)
NOVEMBER - *Al-Harth*
(„Der Pflug" – die Zeit zum Bestellen der Felder)
DEZEMBER - *Al-Kanuun* („Das Kohlebecken" – man versammelt sich ums Feuer, um sich zu wärmen).

Hühner an Bord

DAS ABENTEUER LIBYEN

Reisen in Libyen ist unvergleichlich. Es kann entspannt sein wie ein Ausflug auf dem Kamelrücken und aufregend wie ein Ritt auf dem Vulkan.

الخاتمة

DIE LIBYER LIEBEN ES ENTSPANNT: EIN TARGI IN GHAT GÖNNT SICH EIN PÄUSCHEN.

Libyen ist ein fabelhaftes Land, seine Natur ist atemberaubend schön, es gibt jede Menge Platz und meistens scheint die Sonne. Das Beste aber: Die Libyer haben Humor. O ja, den haben sie. Deshalb werden sie sich mit Sicherheit nicht daran stören, wenn man ihr Land – nachdem man es ausführlich gelobt und gepriesen hat – auch ein wenig auf die Schippe nimmt. Schließlich kann man als Reisender in Libyen eine ganze Reihe absonderlicher Dinge erleben.

Wer zum Beispiel nach Jahren des Reisens in ferne Länder immer noch keine Angst vorm Fliegen hat, der sollte sich einen Inlandflug mit einer der drei Maschinen von Air Libya gönnen. Das Abenteuer beginnt damit, dass man zunächst einmal zwischen drei und zehn Stunden auf dem Flughafen wartet, weil einer der Vögel gerade ausgefallen ist und die beiden anderen das komplette Flugprogramm alleine bewältigen müssen. Ist das Flugzeug endlich angekommen und wieder aufgetankt, beginnt der zweite Akt des Schauspiels: Sämtliche Passagiere eilen aufs Rollfeld an die Gangway, wo sie sich zu einem großen Haufen sammeln, aus dem hier und dort überdimensionale Taschen, allerlei Möbelstücke und seltsamerweise auch das eine oder andere gackernde Bündel herausragen. Sodann gibt der Steward das Kommando zum Start: Als erste dürfen Mütter und Kinder die Stufen hinaufspurten und sich die besten Sitzplätze sichern. Dann tapsen die Greise mit ihren Gehstöcken die Gangway hinauf, was sich gut und gerne eine halbe Stunde hinziehen kann. Schließlich der Höhepunkt: Mit dem Ruf „Und jetzt alle anderen!" hechtet der Steward ins Cockpit, um sich in Sicherheit zu bringen, bevor die Woge aus Dutzenden von jungen Männern die Stufen hinaufbrandet. Im Flugzeugbauch verteilt sich diese Welle mehr oder weniger gleichmäßig in sämtliche Ecken; wer keinen Platz findet, hockt sich bei seinem Freund auf den Schoß oder begnügt sich mit einem Stehplatz. Vor dem Start fällt mehrfach die Klimaanlage sowie die komplette Innen- und Außenbeleuchtung des Flugzeugs aus, was der Pilot gern damit erklärt, dass die Leitung zur Stromversorgung des Flughafens „ab und zu ein wenig zittere". Wenig später, als die Maschine sich beim Start langsam in die Höhe stottert, fallen Kühlung und Licht erneut aus. Aha, die Leitung also ... Während des Fluges vertreibt man sich bei zirka 50 °C an Bord die Zeit damit, seinem Nachbarn den neusten Tratsch aus der Großfamilie ins Ohr zu brüllen, verzweifelt mit dem Handy zu hantieren (warum in Gottes Namen ist der Empfang so schlecht?), laut zu schnarchen oder mit dem Steward zu streiten, der es einem partout nicht gestatten will, den Gaskocher zu entzünden, um ein schönes Gläschen Tee aufzukochen. Nach der Landung schickt man ein kleines Dankgebet zum Himmel, sammelt seine Taschen und die aus den Bündeln entschlüpften Hühner ein und eilt über das Rollfeld, um sich in die Arme

VORHERIGE DOPPELSEITE: LINKS: DIE LIBYSCHE NATUR IST ATEMBERAUBEND – DÜNEN DER RAMLAT RABYAANA IN DER LIBYSCHEN WÜSTE. RECHTS: AN DIESER TANKSTELLE IST DAS ANSTELLEN ZWECKLOS. SOGAR IM ERDÖLREICHSTEN STAAT AFRIKAS GEHT AUCH MAL DAS BENZIN AUS.

der bereits sehnlichst wartenden Verwandten zu werfen und deren Glückwünsche entgegenzunehmen: *Alhamdulillah ala as-Salama!* – Gott sei Dank bist du heil angekommen!

Natürlich kann man in Libyen auch anders reisen, und manche böse Zungen behaupten, auf den Straßen sei es kaum ungefährlicher als in der Luft. Aber dafür kommt man, wenn man mit dem Auto unterwegs ist, in den Genuss, beim beliebten „Tankstellen-Raten" mitzuspielen: Nähert man sich einem Ort, darf jeder Mitfahrer einen Tipp abgeben, ob es dort Benzin gibt oder nicht. Kenner erspähen bereits von weitem, ob sich vor einer Zapfsäule eine Autoschlange gebildet hat – dann ist nämlich die Wahrscheinlichkeit größer. Während man sich sämtliche verfügbaren Behälter auffüllen lässt, studiert man die überall klebenden Annoncen der religiösen Reisebüros, die Komplettpakete für die Pilgerfahrt nach Mekka anbieten, inklusive Unterkunft, Verpflegung, Koranausgabe und weißer Pilgerkleidung.

Allzu früh sollte man eine Reise aber nicht beginnen, denn die Libyer pflegen eine ausgedehnte Nachtruhe. Abends legen sie sich zeitig ins Bett, morgens schlummern sie gern etwas länger. Vor halb zehn Uhr jemanden anzurufen oder einen Chauffeur einzubestellen, gilt als taktlos. Am Arbeitsplatz, sei es in einer Behörde oder einem Unternehmen, wird man um diese Zeit erst recht kaum jemanden antreffen. Auch sollte man es mit der Uhr nicht allzu genau nehmen, denn Pünktlichkeit ist den Libyern ein Graus. Hat man sich verabredet, so erwartet man sein Gegenüber am besten ein Viertelstündchen oder lieber gleich ein volles Stündchen später. Die Worte Desorganisation und fehlende Planungssicherheit ersetze man dabei im Geiste durch Entspanntheit und Muße, denn Stress ist den meisten Libyern unbekannt. Auf eine Frage wie etwa „Wie lange dauert die Fahrt von Tripolis nach al-Adschilaat?" bekommt man gern scherzhafte Antworten wie „Das dauert etwa zehn Minuten und zwei Stunden". Ja, sie reisen entspannt, die Libyer.

Auch die Reisegewohnheiten von Staatschef Gaddafi sind hinlänglich bekannt. Begibt er sich zu einem Staatsbesuch ins Ausland, pflegt er sein Beduinenzelt mitzuführen und aufzuschlagen – selbst an so kalten Orten wie Brüssel. Der Revolutionsführer verabscheut nämlich Häuser aus Stein. Früher war er weniger wählerisch. Das lässt sich im libyschen Nationalmuseum in Tripolis erfahren, denn dort ist der mintgrüne VW-Käfer aufgebahrt, mit dem Gaddafi weiland 1969 über die Wüstendörfer preschte, um die Revolution anzuheizen. Daneben wird auf einer Tafel des „Büros für moralische Anleitung" gegen die „arroganten Mercedes-Fahrer der US-Unterdrücker" gezetert, denen Gaddafi in seinem VW natürlich stets davonbrauste. Wer es in Libyens Staatsapparat zu etwas bringen will, muss dem

FRÖHLICHES STEMPELN IN ROSAROT – EINE LIBYSCHE BEHÖRDE VON INNEN

Der Umgang mit libyschen Behörden ist eine Kunst für sich. Geduld lautet das oberste Gebot, das zweite heißt Flexibilität und das dritte Humor. Wer stets gelassen und heiter bleibt, kann eigentlich nichts falsch machen. Zum Beispiel bei der obligatorischen Verlängerung des Visums, etwa im Regionalbüro des Einwohnermeldeamtes der Stadt Sabha am Rande der Wüste. Das Amt versteckt sich in einem rustikalen Betonbau neben einer gigantischen Baugrube, die irgendwann ausgehoben und dann vergessen wurde. Das Büro des Stempelverwalters liegt auf der dritten Etage; man kann es gar nicht verfehlen, denn schon auf dem Flur schallt dem Besucher eine fröhliche Kakophonie aus Stimmengewirr, lautem Lachen und dutzendfachem Handyklingeln entgegen. Neugierig tritt man ein. Mindestens zehn Personen lehnen entspannt neben mehreren vergilbten Gaddafi-Porträts an den Wänden. An einem gigantischen Schreibtisch aus den siebziger Jahren hockt der Stempelverwalter zwischen seinen beiden Gehilfen.

Der Stempelverwalter ist ein kleines Männchen in den Fünfzigern, das für sein Leben gerne lacht. Nur eines tut es noch lieber: stempeln. Vor ihm auf dem Tisch türmen sich Berge von Reisepässen und rosaroten Visa-Anträgen. In den Ecken: Große Pappkartons, die überquellen vor rosaroten Visa-Anträgen. Auf einem Beistelltisch in der Ecke: Ein weiterer Berg rosaroter Visa-Anträge. Alle ausgefüllt, versteht sich. Mit großem Hallo werden die neuen Besucher empfangen und um ihre rosaroten Visa-Anträge gebeten. Dann beginnt die Prozedur mit dem Titel „Den richtigen Stempel suchen", der sich der Stempelverwalter nun ausgiebig widmet. In der riesigen Schublade seines Schreibtisches wühlend, befördert er nach und nach Dutzende von Reisepässen, einen Haufen Visa-Anträge (rosarot), mehrere Bündel Geldscheine (aus Visa-Gebühren) und ein Regiment ausrangierter Kugelschreiber (zum Ausfüllen der ... – Sie wissen schon) ans Tageslicht. Wem die Pässe wohl gehören? Und wie lange sie wohl schon im Dunkel der Schublade gedämmert haben? Na, es gibt wichtigere Fragen. Denn während der Stempelverwalter den richtigen Stempel sucht, lassen sich die Besucher fröhlich um den Schreibtisch nieder und besprechen mit den Stempelgehilfen und den nun nach und nach hinzustoßenden anderen Besuchern, die alle kommen, um ihre rosaroten Visa-Anträge abzugeben, die Weltlage im Allgemeinen und die Lage auf dem örtlichen Kamelmarkt im Speziellen. Hierarchien gibt es hier nicht. Antragsteller werden als Gleichberechtigte behandelt, nicht als Bittsteller, wie in den Behörden vieler anderer arabischer Länder. Das berüchtigte *Baqschiisch* ist vollkommen unüblich. Jeder wird bedient – es dauert nur eben seine Zeit.

Dann hat der Stempelverwalter doch noch den richtigen Stempel gefunden – *Alhamdulillah! Gott sei Dank!* – und drückt ihn unter ausgelassenem Gelächter und allgemeinen Beifallrufen gleich mehrfach auf die rosaroten Visa-Anträge der Besucher. Noch jemand ohne Stempel? Bitteschön! Fast ist man ein bisschen traurig, dass man die fidelen Beamten verlassen muss. Könnte nicht jeder Behördengang so fröhlich sein wie der in Sabha am Rande der Wüste?

mintgrünen Käfer seine Aufwartung machen. Und er muss natürlich das Grüne Buch kennen, in dem Gaddafi seine höchstpersönlich ersonnenen Theorien zur Lösung sämtlicher Weltprobleme notiert hat. Darin findet sich manch hübscher Satz, etwa auf Seite 93: „Die Frau ist weiblichen Geschlechts, der Mann männlichen." Dank seines umfangreichen intellektuellen Rüstzeugs muss der Revolutionsführer nicht einmal davor zurückscheuen, Universitätsabsolventen in den USA per Video-Liveschaltung Nachhilfe in Demokratie zu geben, wie im März 2006 geschehen.

Von der Demokratie hat er allerdings sehr spezielle Vorstellungen, der Revolutionsführer, was sich unter anderem an der Polizei-Dichte in seinem Land ablesen lässt. Quasi für jeden Anlass und jeden Zweck gibt es eine eigene Einheit: von der Touristenpolizei über die Elektrizitätspolizei bis zu Gaddafis weiblicher Leibgarde. Die Agrarpolizei beispielsweise kommt dann zum Einsatz, wenn jemand ohne Genehmigung eine Palme umhackt. Allerdings entsteht in Libyen – anders als in vielen anderen arabischen Staaten – trotz der Vielzahl an offiziellen Aufpassern nicht der Eindruck eines rigorosen Überwachungsstaats, ja oft erscheint das öffentliche Leben sogar weniger reglementiert als im benachbarten Tunesien. Außerdem können nicht einmal die Heerscharen von Polizisten verhindern, dass hier und dort der eine oder andere Halunke sein Unwesen treibt. So kann es passieren, dass man mitten auf dem Grünen Platz in Tripolis von einem „Geheimpolizisten" in zerfleddertem Trenchcoat angesprochen wird, der einen fehlenden Stempel im Pass des Reisenden bemängelt, in Wahrheit aber darauf abzielt, sein Opfer in ein dunkles Eck zu locken, wo er es geschwind um seine Barschaft erleichtern kann.

Doch das ist eine Ausnahme, denn im Allgemeinen sind die Libyer nicht nur für ihre Gastfreundschaft und ihren Humor, sondern auch für ihre Ehrlichkeit berühmt. So kann man beispielsweise sechs Wochen lang und 5000 Kilometer weit durchs Land reisen und auf der letzten Taxifahrt zum Flughafen doch tatsächlich das wichtigste Gepäckstück, in dem sich alle Wertsachen und vor allem sämtliche Recherchenotizen befinden, im Kofferraum des Taxis vergessen. Dem Nervenzusammenbruch nahe telefoniert man mit diesem und jenem, um irgendwie den Taxifahrer zu kontaktieren, von dem man nicht einmal den Namen kennt – dabei stets die Anzeigentafel im Genick, auf der bereits der Heimflug angekündigt wird. In letzter Minute kommt der Taxifahrer tatsächlich angebraust und überreicht mit einem strahlenden Lächeln den kostbaren Rucksack. Der Mann heißt übrigens Khatib al-Gharyani. *„Qul bahi, ya´tiiq schahi!"* – „Sage gut! Dann wirst du Tee bekommen", lautet ein libysches Sprichwort: Wenn man mit einer positiven Einstellung an die Dinge herangeht, wird man mit einem guten Ergebnis belohnt. Und natürlich sollte man immer dankbar sein, sonst kann es einem wie den Hühnern ergehen. Den Hühnern? Jawohl, den Hühnern. Denn als Gott die Tiere schuf, sagten sie alle *Inschaallah* als Dankeschön und Anerkennung seiner Leistung. Nur das Huhn nicht. Zur Strafe hat es zwar Flügel, kann aber nicht fliegen – höchstens an Bord von Air Libya.

WAS MAN IN LIBYEN UNBEDINGT TUN SOLLTE – UND WAS MAN LIEBER BLEIBEN LÄSST

Es ist nicht immer ganz leicht, sich in Libyen zurechtzufinden. Gut beraten ist man als Reisender, wenn man einige Ratschläge beherzigt und folgende Dinge tut beziehungsweise eben nicht tut:

UNBEDINGT TUN:

- Eigeninitiative ergreifen.
- Reisen gut vorbereiten.
- Misstrauen vor Kontakten ablegen und sich auf Begegnungen mit den Menschen einlassen.
- Sich einladen lassen und die fantastische Gastfreundschaft der Menschen erleben.
- Gastfreundschaft durch warme Dankesworte, kleine Geschenke oder (rhetorisch gemeinte) Einladungen ins eigene Heimatland erwidern.
- Sich auf den Humor der Libyer einlassen. Wer gern Scherze macht oder gute Witze erzählen kann, wird rasch Freunde finden.
- Geduld haben, sehr viel Geduld.
- Die europäische Definition von Pünktlichkeit vergessen. Sie gilt als unhöflich.
- Mit offenen Augen durchs Land gehen.
- Einige arabische Höflichkeitsfloskeln auswendig lernen.
- Respekt vor älteren Menschen zeigen und das Senioritätsprinzip achten. Spricht zum Beispiel ein alter Mann, gilt es als extrem unhöflich, ihn zu unterbrechen oder ihm offen zu widersprechen; es sei denn, man ist ebenso alt oder sogar älter.
- Bei Disputen darauf achten, dass der Gegenüber immer sein Gesicht wahren kann. Öffentliche Demütigungen, zu denen neben Schimpfwörtern auch abwertende Gesten oder – ganz schlimm – Lächerlich-Machen gehören, werden als viel beleidigender empfunden als etwa in Europa. Vollkommen üblich ist es dagegen, in einer Auseinandersetzung die Stimme zu erheben oder sich sogar anzuschreien. Hat man das große Gezeter beendet, gibt man sich zum Zeichen der vorübergehenden oder endgültigen Beilegung des Konflikts die Hand, trinkt einen Tee oder geht gemeinsam eine Wasserpfeife rauchen.
- Begrüßungen enthusiastisch zelebrieren. Handelt es sich um eine Gruppe von Menschen, dann jedem anwesenden Mann die Hand schütteln, bei Frauen hingegen nur dann, wenn sie von sich aus die Hand reichen. Gute Freunde begrüßt man, ähnlich wie in Frankreich, mit vier angedeuteten Wangenküssen.

BLEIBEN LASSEN:

- Von libyschen Behörden oder Botschaften verlässliche Hilfe erwarten.
- Geschäftskontakte nur über die „Chef-Ebene" laufen lassen. Chefs werden nicht selten ausgetauscht oder „vergessen" Abmachungen. Der Kontakt zum mittleren Management ist daher oft ergiebiger.
- In Geschäftsgesprächen sofort zur Sache kommen. Es ziemt sich, zunächst bei einigen Gläsern Tee Höflichkeiten auszutauschen und sich nach Gesundheit und allgemeinem Wohlbefinden des Gegenübers und dessen Familie zu erkundigen. Sodann plaudert man noch ein wenig über Wetter, gemeinsame Bekannte und die neuste Nachrichtenlage, bevor man sich langsam dem eigentlichen Thema nähert. Dieses „Vorspiel", in dessen Verlauf man sich näher kennen lernt beziehungsweise den neuesten Stand im Leben des anderen erfährt, kann gut und gerne eine halbe bis ganze Stunde in Anspruch nehmen. Wer sich nicht darauf einlässt, gilt als unhöflich, ungebildet und im Zweifelsfall auch als schlechter Geschäftspartner.
- Sich über Unpünktlichkeit ärgern. „Verspätungen" von bis zu einer Stunde sind absolut im Rahmen des Üblichen.
- Einladungen sofort akzeptieren. Zunächst höflich ablehnen. Nach der dritten Aufforderung ist die Einladung ernst gemeint.
- In Gesprächen auf die vermeintliche Überlegenheit des Westens gegenüber Libyen oder den arabischen Länder im Allgemeinen anspielen.
- Nachts Auto fahren. Dies ist wegen der „unorthodoxen" Fahrweise vieler Libyer und dem maroden Zustand vieler Fahrzeuge sehr gefährlich.
- Ohne kundigen Führer in die Wüste fahren.
- Entfernungen unterschätzen. Gerade in der Wüste braucht man wegen des tückischen Untergrunds selbst für geringe Distanzen manchmal tagelang.
- Laut über Staatschef Gaddafi schimpfen.
- Militärische Anlagen oder Anwesen von Staatschef Gaddafi fotografieren.
- Schriftzüge, Zeichen, den eigenen Namen o. ä. in antike Steine ritzen.
- Die prähistorischen Felsbilder im Fesaan befeuchten, um sie „besser sehen" zu können.

Register

11. September 2001 63, 94

Achab 112
Adschdaabiya 46, 176
Al-Adschilaat 46, 96, 207
Afrikanische Union 63
Agades 112, 124
Agrarpolizei 208
Ägypten 32, 35, 42, 55, 62 f., 68, 70, 96, 98, 153, 155, 157, 166, 175, 187, 197, 200, 203
  Altes Ägypten 32, 113, 147, 151
Air Libya 206, 208
Akakus (Dschabal Akakus) 2, 29, 46 f., 110, 116 f., 119, 121, 200
Al-Alamain 157
Alexander der Große 147
Algerien 35, 42, 57, 74, 84, 98, 114, 116, 131, 143, 196 f.
Alliierte 144
Allgemeiner Volkskongress 39, 55, 58, 64 f.
Almásy, Ladislaus 166, 171
Amadror 88
Amanar 112
Amnesty International 57
Amr ibn al-As 197
Antikolonialkampf 53, 139, 143 f.
Apathie 43, 60
Apollon 147 f., 151 f.
Apollonia (Suusa) 46, 146 f.
Äquatorial-Guinea 39
Araber 32, 34, 37, 54, 56, 73, 79, 92, 112 ff., 131, 153, 188
Arabische Sozialistische Union 55
Archäologie 74, 79, 148, 151
Al-Asisiiya 46
Athen 147, 151
Atlantik 166, 197
Atomwaffenprogramm 64
Audschila 29, 46, 176, 179, 183, 185
Augustus 203
Auslandsinvestitionen 194
Australien 155, 158, 194

Bacchus/Dionysos 148
Badaawa 34
Al-Bahri 171
Al-Baida 46, 143
Banu Hilaal 35
Banu Sulayman 35
Banu Waliid 90
Banu Wasiid 90
Baqschiisch 32, 207
Barth, Heinrich 27, 73, 113, 116, 119, 132
Battos 146, 148
Beduinen 34, 58, 143 f.
Benghasi 46, 60, 63, 136, 139, 144, 153 ff., 157, 174, 176, 180, 200
Berber (Imasiraan) 32, 34 f., 37, 53 f., 67, 74, 79 f., 82, 84, 88 ff., 103, 112, 197
Bibel, Altes und Neues Testament 126 f., 151
Bildungswesen 37, 41, 55, 57, 65, 96, 119, 151, 180, 183, 187, 194, 196
Bir al-Hakiim 46, 157
Bir al-Mastuuta 112
Bir as-Sachn 46, 112, 114
Bisqra 197
Bodenschätze 27, 183
Bornu 132
Bosra 74
Burdiim 188
Burkina Faso 39, 131
Byzanz 32, 73, 112, 148, 151, 197

Christen 94, 158
Al-Chums 46
Commonwealth 155, 157 f.
Couscous 122, 188

Damaskus 32, 155, 197
Datteln 90, 108, 131, 179, 183, 185, 203
Delphi 27, 146
Derna 46, 155, 200
Deutschland 32, 54, 73, 96, 108, 113, 116 f., 155, 157 f., 179, 187, 194 ff., 200
Dienstleistungssektor 194
Diokletian 73
Dirandschedi 37
Dritte Universaltheorie 57
Al-Dschabal al-Achdar 46, 144
Dschabal al-Hasauna 46, 174
Dschabal Nafuusa 46, 54, 74, 80, 84, 88
Dschabali 84
Dschadu 46, 88
Dschalu 29, 37, 46, 176, 179
Dschamaahiriya (Volksmassenstaat) 46, 58, 70
Dschansuur 46
Dscherba 88
Dscherma 46, 110, 113 f.
Dschinne 116
Du'aada 110

England 54
Eratosthenes 151
Erdbeben 74, 152, 157
Erdgas, Gas 64 f., 172, 176, 194 ff., 198
Erdöl, Öl 29, 41 f., 54 f., 58, 61, 63 ff., 70, 94, 96, 100, 155, 171 f., 176, 179 f., 183, 187, 194 ff., 198 f.
Erdölfelder 2, 171, 176 f., 179, 187, 196, 198
Erdölförderung 179 f., 196

Familie 34, 42, 45, 84, 96, 98, 114
Familienrecht 41
Farwa 42, 46, 102, 199
Fatih-Revolution 1969 2, 52 f.
Fatimiden 35
Felsbilder 119 ff., 200, 209
Fès 155
Fesaan 2, 29, 32, 34, 37, 39 f., 42, 45 ff., 54, 105, 108, 110, 112 ff., 121 f., 124, 132, 143, 166, 171, 174, 194 f., 198 ff., 209
Feschfaasch 108
Firqat at-Taa'ir al-Abyad 70
Flüchtlinge 39, 64
Fossiles Wasser 174, 196, 198
Frankreich 32, 54, 63, 70, 103, 112, 116, 151, 157 f., 209
Frauen 37, 41 ff., 58, 65, 98, 114, 187, 196
Freie Offiziere 54, 157
Ftaat 88
Fulbe 116
Fußball 56, 67 f., 127

Gadaadifa 34, 54
Gaddafi, Aischa 56, 188
Gaddafi, Hanaa 63
Gaddafi, Muammar (Revolutionsführer) 27, 32, 34 f., 39 ff., 43, 45, 49, 52 ff., 60 ff., 89, 96, 124, 139, 144, 155, 157, 172, 175, 194, 196, 199, 203, 207 ff.
Gaddafi, Muhammad 56
Gaddafi, Al-Mu'tasam 56
Gaddafi, As-Saadi 56, 68
Gaddafi, Saif al-Islam 57, 194, 201
Gaddafi-Stiftung 57
Gambia 39
Gao 88
Garama 46, 110, 113, 198
Garamanten 37, 110, 113, 121, 198
Gasfelder 195
Gastarbeiter 32, 39, 94, 112, 114, 124, 142, 155, 187

Gastfreundschaft 27, 42, 45, 84, 146, 208 f.
Geiseln 57
Genfer Flüchtlingskonvention 39
Geologie 132, 179 f.
Geschlechtertrennung 41, 65, 117
Gesundheitswesen 55, 65, 196
Ghadaames 34, 43, 46, 74, 84, 88, 90, 92, 117, 200
Ghana 39, 124
Ghanem, Schukri 194, 198
Al-Gharbi 171
Gharyaan 46
Ghat 2, 37, 39, 46, 112, 114, 116 f., 121, 124, 128, 206
Gibli (Wind) 88, 108, 171
Global Positioning System (GPS) 171 f., 200
Gold 88, 112, 177, 179, 183, 191, 195 f.
Graziani, Rodolfo 144
Griechen (Antike) 32, 35, 146 ff., 151 ff., 200
Großbritannien 32, 54 f., 80, 132, 155, 157 f.
Großer Künstlicher Fluss (An-Nahr as-Sinaa'i al-Asiim) 172, 174 ff.
Grüner Platz 2, 35, 52 ff., 56, 62, 65, 73, 94, 100, 208

Hadaara 34
Hadrian 77, 148
Hamaada 46, 171
Al-Hamaada al-Hamra 29, 46, 171
Handel 60, 63 ff., 74, 84, 88, 112, 144, 152 f., 194, 196 f.
Handelswege 32
Hariissa 188
Hashaas 171
Hauruudsch 171
Al-Hauruudsch al-Aswad 29, 46
Haussa 116
Herodot 32, 37, 92, 113, 132, 146 f.
Heuschrecken 117, 121
Hitler, Adolf 155
Hornemann, Friedrich 73
Hunger 37, 39, 82, 88, 121, 157, 187

Ibrahim al-Hisnaawi 70
Idhaan 46, 171
Idhaan Mursuq 29, 46, 110, 166, 171, 194, 198
Idhaan Ubaari 2, 29, 46, 108, 110 f.
Idiinen 114, 116
Idschcharra 2, 29, 37, 46, 171, 176 f., 179, 183, 185, 187, 196
Internet 34, 39, 43, 56, 64, 67, 70
Investieren 191, 198, 200
IRA 55
Irak 64, 117, 187, 196
Islam 35, 37, 42 f., 56, 61, 63, 94, 122, 136, 143 f., 197
Islamisten 56 f., 63, 139
Italien 32, 37, 39, 54 f., 62, 68, 73 f., 96, 100, 112, 144, 147, 155, 158, 171, 188, 195 f., 203
Italienische Kolonialzeit 112

Jason Magnus 148
Jerusalem 127, 151
Jolo 57
Juden 148, 158
Julia Domna 79
Julius Cäsar 77, 148

Kahf al-Dschunuun 46, 113 f.
Kairo 32, 73, 88, 155
Kairouan 88
Kamele 47, 80, 88 f., 112, 124, 126 f., 129, 132, 164, 166, 184
Kapitalismus 57, 65
Karawanen, Transsaharahandel 84, 88, 105, 110, 112, 116 f., 144
Karthago 73, 77, 112 f.
Khartum 73
Kirchen 73, 80, 94, 148
Klientelwirtschaft 34
Kolonialzeit 112
Al-Koni, Ibrahim 32, 116
Konzentrationslager 144
Koran 37, 43, 55 f., 58, 116 f., 122, 126 f., 132, 136, 158, 183, 185, 187, 207
Küche, Essen und Trinken 131, 188
Al-Kufra 29, 37, 46, 144, 172
Kyrenaika (Al-Dschabal al-Achdar) 29, 32, 34 f., 43, 46 f., 56, 61, 113, 122, 135, 139, 143 f., 146 ff., 151 ff., 155, 157 f., 174 ff., 197, 200
Kyrene (Schahhaat) 46, 146 ff., 151 ff.

La-Belle-Attentat 63
Later, Ayman 70
Leptis Magna (Labda) 2, 46, 73 f., 77, 79 ff., 83 f.
Libu 32
Libyan National Oil Cooperation 199
Libysche Wüste (As-Sahraa al-Libiiya) 2, 29, 32, 37, 46, 143 f., 161, 164, 166, 171, 174, 176 f., 179 f., 183, 187, 196, 200, 206
Lockerbie-Anschlag 63

Mali 35, 39, 112, 122, 131 f.
Malta 80, 103
Mandara-Seen (Buhairaat Mandara) 2, 29, 47, 108, 110, 200
Al-Mardsch al-Dschadiid 47, 153, 157
Marmarika (Al-Butnaan) 47, 155, 157 f.
Marokko 32, 39, 114, 188
Masaak Mallaat 47, 119, 171
Masaak Mastaafat 47, 114, 119
Massenvernichtungswaffen 64, 194
Medien 27, 39, 64
Menschenrechtsverletzungen 57, 65
Migranten 39, 63, 73 f., 116, 124, 128
Misraata 47, 54
Mission 94, 132, 143
Mittelmeer 2, 29, 32, 39, 63, 73 f., 79, 88, 110, 112, 144, 146, 151 f., 166, 174, 195
Al-Muchtar, Umar 139, 144
Muhammad (Prophet des Islams) 43, 56, 122 f. 143, 187, 203
Müllproblem 45
Mursuq 29, 37, 42, 47, 112, 122 f.
Mussolini, Benito 144, 155

Naluut 47, 88, 99
Nasser 54 f., 203
Nationales Olympisches Komitee 56
Nero 152
Niger 35, 37, 39, 88, 112, 121 f., 124, 130, 196
Nigeria 39, 63, 94, 117, 122

Oasenwirtschaft 198
Oea 73 f., 77
Oliven 41, 77, 82, 88, 151, 188
OPEC 194
Opposition 43, 56 f., 61, 139
Orakel von Delphi 27, 146
Osmanisches Reich, Osmanen 37, 144
Österreich 32, 96
Overweg, Adolf 132

Palästina 80, 117, 196
Paris 80
Plinius 152
Pompeius 77
Privatisierung 57, 136, 194
Propaganda 45, 65
Ptolemäer 147
Ptolemais (Tulmaitha) 47, 147

Qabruun 47, 110
Qabruun-See 47, 108
Al-Qaida 64
Qusaila bin Lemsen 197

RAF 55
Ramla 171
Ramlat Rabyaana 47, 164, 166, 171, 184, 206
Ramses II. 32
Rassismus 39
Rätedemokratie 58
Reagan, Ronald 63
Rentenkapitalismus 65
Revolution 1969 32, 41, 54, 65, 89, 144, 157, 203
Revolutionsfeiern, Jahrestag der Revolution 2, 52 f., 56, 65
Richardson, James 132
Römer (Antike) 32, 73, 77, 80, 112 f., 148, 203
Römisches Reich 74, 77, 147, 152
Rommel, Erwin 155, 157
Rotes Meer 166

S
As-Saawiya 2, 39, 47, 52, 56
Sabha 2, 40, 42, 44, 47, 52, 54, 56, 108, 110, 114, 124, 129, 196, 207
Sabrata 32, 47, 73 f., 77, 79, 196 f.
Saff al-Bahar 34
Saff Aulaad Sulayman 34 f.
Sahara 29, 32, 37, 84, 108, 110, 113, 120, 124, 131, 161, 166, 171, 198
Sahelzone 166
Salz 88, 108, 110, 112, 129, 131, 157, 172, 180, 188
Sanddünen 29, 102, 166, 171
Sanktionen 27, 63 f., 194 ff.
Sanussiiya 143 f.
Sariir 29, 47, 172, 174
Satellitensender 64
Saudi-Arabien 41, 56, 58
Schab Bakr 70
Scheidung 37, 41
Schorba Libiiya (Libysche Suppe) 188
Schweiz 29, 32, 96, 171
Sechstagekrieg 54 f.
Seismologie 180
Senegal 39, 122
Senioritätsprinzip 42, 96, 209
As-Sanussi I., Idris 54, 143 f.
Septimius Severus 79 f., 83
Silphion-Staude 151 f.
Sirt 29, 37, 39, 47, 53 ff., 58, 64 f., 176
Sklaven 37, 88, 112
Sliiten 47
Soldatenfriedhöfe 157 f.
Sozialismus 41, 54 f., 155
Strafrecht 63
Sudan 68, 70, 155, 166, 175
Südkorea 196
Suez-Krise 54
Suluuq 47, 144, 174 f.
Sunna 35, 56
Sunnitisch-malikitische Rechtsschule 35
Suq (Basar) 60, 154
Suwaara 47, 99, 103
Gaddafi-Rede von Suwaara 55, 57
As-Suwaila 47, 122 ff.

Tamaahaq/Tamaaschaq 37, 131
Tamaasight 84
Tarhuuna 47
Taserbu 29, 37, 47, 172, 174 ff., 196
Tassili-Gebirge 119
Tauschwirtschaft 155
At-Tayyib, Tarik 68, 71
Temissa 47, 171
Tenere-Wüste 124
Terrorismus 27, 55, 63 f., 136
Tgilla (Chubsa al-Malla, Aschebrot) 131
Thera (Santorin) 146, 152
Tibesti-Gebirge 37
Tifinaar 37, 121
Timbuktu 73, 88, 112, 132
Tourismus 27, 65, 96, 114, 191, 194, 199 ff.
Touristenpolizei 208
Trajan 77, 148
Tribalismus 34
Trinkwasser 41, 110, 198
Tripolis (Taraabulus) 2, 27, 32, 34 f., 37, 39, 45, 47, 52 f., 55 f., 60, 63, 68, 70, 72 ff., 76, 79 f., 84, 88 f., 94, 96, 100, 103, 132, 174, 176, 188, 194 f., 199 ff., 207 f.
Tripolitanien (Taraabulus) 29, 32, 34, 47, 54, 67 f., 74, 77, 80, 84, 88, 90, 96, 113, 152, 171, 196 f., 199 f.
Tschad 37, 62, 88, 112, 132, 144, 157, 175
Tuaareg (Kel Tugulmust) 2, 35, 37, 42, 52, 84, 90, 92, 108, 112 ff., 116, 121, 131, 188
Tubbu 37, 42, 100, 112
Tubruq 47, 153, 155, 157 f.
Tukra 47
Tunesien 32, 42, 53, 62 f., 68, 74, 77, 84, 88, 96, 102, 183, 188, 197, 200, 208
Türkei 54, 68, 73, 88, 100, 183

Ubaari 47, 114
Udaad 114, 116
Umayyaden 197
Umm al-Araanib 42, 47
Umm-al-Maa'-See 2, 47, 108
Unpünktlichkeit 209
Uqba bin Nafi' 153, 197
USA 53 f., 56, 62, 64 f., 195 f., 208
Al-Uwainaat 47, 114

Visumsverlängerung 207
Volksherrschaft 57 f.
Volkskonferenzen 52, 58
Volkskongresse 41, 62, 65
Volksrevolution 55
Vulkane 2, 29, 32, 161, 164, 166, 200, 205

Waadi 47, 112
Waadi al-Hayaa 47, 110
Waadi Bardschuudsch 47, 194, 198 f.
Waadi Matchanduusch 47
Waadi Tel Isaaghen 132
Waffenembargo 64
Wau al-Kabiir 47
Wau an-Namuus 2, 29, 47, 164, 166, 200
Weißbürzelsteinschmetzer (Mula-Mula, Buqreer) 114, 117, 129
Wirtschaft 34, 39, 41 ff., 45, 58, 61, 63, 65, 155, 191, 194 ff., 198 f., 201
Wirtschaftsreformen 194
Wohlfahrtsstaat 65
Wüste 27, 29, 32, 37, 84, 90, 108, 110, 112 ff., 129, 131 f., 144, 166, 171 f., 174, 179, 183, 194, 198, 200, 209

Zeitrechnung 203
Ziriden 35
Zweiter Weltkrieg 144, 153, 157 f., 171, 200

Für die großzügige Unterstützung unserer Recherchereise in Libyen danken wir:

Die MAN Ferrostaal AG, Essen, ist mit 4700 Mitarbeitern und einem Umsatz von 2,8 Milliarden Euro (2005) der industrielle Dienstleister in der MAN Gruppe.
Mit den Arbeitsgebieten „Projects and Contracting" sowie „Services and Logistics" ist MAN Ferrostaal weltweit Partner von Kunden in mehr als sechzig Ländern.
T: (+49-201) 818-01, Internet: www.manferrostaal.com, Kontakt: Daniel Reinhardt

Rolandstr. 3–7, D-28199 Bremen
T: (+49-421) 349 78 67
F: (+49-421) 349 78 36
E-Mail: volker.miehe @lplogistics.de
Internet: www.lplogistics.de

Lufthansa – „Lufthansa fliegt seit 50 Jahren in die arabische Welt".
Lufthansa Pressestelle Afrika/Arabien:
T: (+49-69) 696 94 389
F: (+49-69) 696 64 46
E-Mail: thomas.preinl@dlh.de

Corinthia Bab Africa Hotel
Mr. Salvinu Farell, General Manager – Corinthia Bab Africa Hotel
Souk Al Thulatha – Al Gadim, Tripolis, Libyen
T: (+218-21) 335 19 90, F: (+218-21) 335 19 92
E-Mail: Tripoli@corinthia.com

Ruth Rick-Walther, Corinthia Hotels International
Director – Sales & Marketing (Deutschland, Österreich und Schweiz)
Ludwigstraße 22, D-97070 Würzburg
T: (+49-931) 465 34 28, F: (+49-931) 353 51 00
E-Mail: Ruth.Rick@corinthia.de

Trinidad Lake Asphalt & Co. KG
Bürgermeister-Smidt-Str. 56, D-28195 Bremen
T: (+49-421) 304 02 23
F: (+49-421) 138 00
E-Mail: info@ungewitter.de, Internet: www.ungewitter.de

France Telecom Mobile Satellite Communications is a subsidiary of France Telecom which markets satellite mobile services (Inmarsat, Thuraya, Iridium and Globalstar). The professional customer base involves a wide range of marine sectors (navy, merchant navy, pleasure boats, cruisers and fishing boats), the media, NGOs, security, construction, the oil and transport industry.
Customer support centre: T: (+33-5) 56 22 32 31, Internet: www.francetelecommobilesat.com

IBRAMAR Schifffahrts GmbH
Raboise 16, D-20095 Hamburg
E-Mail: chartering@ibramar.de
Internet: www.ibramar.de
Port Said, Alexandria, Damietta, Suez, El Arish, Safaga, Cairo

اتصالات

Discover Libya

ROSE DE SABLE
Tourism Services

- 4WD Sahara Adventures
- Archaeological & Cultural Tours
- Camel Tracking

Tel.: ++ 218 21 3335687, Fax: ++ 218 21 4449372
E-Mail: info@roselibya.com, Website: www.roselibya.com

ALF SCHUKR SAGEN WIR UNSEREM WÜSTEN-TEAM!
VON LINKS OBEN: MUHAMMAD DERA, SALIM ABDASSALAM IBRAHIM ALI, JÜRGEN MEINEKE, FLORIAN HARMS, LUTZ JÄKEL.
VON LINKS UNTEN: SKOU TAKI MUHAMMAD, MUSTAFA CHALIFA AUWIDAT AL-HISNAWI.

Jürgen Meineke

Consultant für Libyen
mit Spezialgebiet Erdölwirtschaft
Am Rosengarten 15
D-49406 Barnstorf
T: (+49-5442) 99 11 63
M: (+49-162) 419 44 54
E-Mail: juergen.meineke@t-online.de

Unserem Freund Jürgen Meineke danken wir ebenso herzlich für die Unterstützung bei der Organisation unserer Libyen-Reisen wie Sophie Pott, M.E.S. für das Korrekturlesen der Texte. Außerdem geht ein herzliches Dankeschön an unsere libyschen Freunde, besonders Sikri Mussa (Dschadu/Tripolis), Omar Howidi (Al-Adschilaat), Muhammad Dera (Tripolis), Ahmad Bittia (Dschadu), Hischam Gaga (Ghadaames), Suliman und Idris Abdarrahim Mirsal (Idschcharra), Ali Besabes (Mursuq).

EIN HERZLICHES DANKESCHÖN FÜR DIE ERFOLGREICHE ZUSAMMENARBEIT BEI DER PRODUKTION DES BUCHES SAGEN WIR DEM TEAM VOM BRANDSTÄTTER VERLAG: ASTRID GÖTTCHE (LEKTORAT), ELISABETH HÖLZL (KOORDINATION), ANDREA SCHRAML (GESTALTUNG), EVA GRUBER (KOMMUNIKATION), DIANA MAY (HERSTELLUNG) UND RENATE RUDOLF (VERTRIEB).

BITTE BEACHTEN SIE AUCH:

Florian Harms | Lutz Jäkel
KULINARISCHES ARABIEN
Marokko, Tunesien, Libyen, Ägypten,
Dubai, Jordanien, Syrien, Libanon
Mit 88 Rezepten

HARMS & JÄKEL Reports
www.harms-jaekel.com

IMPRESSUM: Die Deutsche Bibliothek – CIP-Einheitsaufnahme. Ein Titelsatz für diese Publikation ist bei Der Deutschen Bibliothek erhältlich.

1. Auflage

Grafische Gestaltung: Andrea Schraml
Lektorat: Astrid Göttche
Scans: Lutz Jäkel
Bildbearbeitung: Lutz Jäkel und Grasl Druck & Neue Medien, Bad Vöslau
Arabische Schriftzüge: Michael Heim (www.arabica-online.com)
Gedruckt in der EU.

ISBN 3-902510-11-0

CHRISTIAN BRANDSTÄTTER VERLAG GMBH & CO KG
A-1080 WIEN, WICKENBURGGASSE 26
TELEFON (+43-1) 512 15 43-0
TELEFAX (+43-1) 512 15 43-231
E-MAIL: INFO@CBV.AT
WWW.CBV.AT